www.lenos.ch

Kristina Bergmann

Tausendundeine Revolution

Ägypten im Umbruch

Lenos Verlag

Erste Auflage 2012

Satz und Gestaltung: Lenos Verlag, Basel
Umschlag: Anne Hoffmann Graphic Design, Zürich
Umschlagbild: AP Photo / Amr Nabil
Printed in Germany
ISBN 978 3 85787 420 8

Inhalt

Die Beiträge von Chalid al-Chamissi, Achmad Dîb, Marwa Imâd, Doa al-Scharîf sowie »Achtzehn Tage« von Ghada Abdelaal wurden von Kristina Bergmann aus dem Arabischen übersetzt.

Zur Erleichterung der Aussprache arabischer Namen wurden betonte lange Silben mit einem Zirkumflex (^) versehen.

Der Segen heisst Demokratie;
der Fluch bleibt ihre Unvollkommenheit.
Markus Spillmann, Februar 2011

Chronologie

2011

Anfang Januar

Inspririert durch die Jasminrevolution in Tunesien, rufen ägyptische Aktivisten im Internet zu Demonstrationen gegen Armut, Arbeitslosigkeit, Korruption und das Mubârak-Regime auf.

Dienstag, 25. Januar

Massenproteste in Kairo, es kommt zu gewalttätigen Auseinandersetzungen mit der Polizei. Demonstationen auch in Alexandria, Mansûra, Ismailîja, Sues und anderen Städten.

Mittwoch, 26. Januar

Bei Massenprotesten in Sues werden Demonstranten und Polizisten verletzt; die Menge zündet eine Polizeiwache und das zentrale Gebäude der Nationaldemokratischen Partei (NDP) an.

Donnerstag, 27. Januar

Der Handel an der Ägyptischen Börse wird ausgesetzt. Auf Anweisung der Regierung wird Ägypten nahezu komplett vom Internet getrennt, auch die SMS-Kommunikation wird unterbunden.

Freitag, 28. Januar

»Tag des Zorns«. Die Polizei zieht abends ab und wird durch die Armee ersetzt. Nächtliche Ausgangssperre. Die

Parteizentrale der NDP in Kairo wird von Demonstranten angezündet.

Samstag, 29. Januar
Husni Mubârak setzt eine neue Regierung ein. Zum ersten Mal während seiner dreissigjährigen Herrschaft ernennt er einen Vizepräsidenten, den bisherigen Geheimdienstchef Omar Sulaimân. Neuer Ministerpräsident wird Achmad Schafîk.

Dienstag, 1. Februar
»Marsch der Millionen« in Kairo. In einer Fernsehansprache gibt Mubârak bekannt, er wolle bei den nächsten Wahlen nicht wieder kandidieren. Strassenschlachten zwischen Demonstranten und Mubârak-Anhängern.

Mittwoch, 2. Februar
Die Armee dringt auf ein Ende der Proteste. Mubârak-Anhänger, teils auf Pferden und Kamelen, greifen die Demonstranten auf dem Tachrîrplatz mit Messern, Knüppeln und Steinen an. Zahlreiche Tote und Verletzte.

Freitag, 4. Februar
»Tag des Rücktritts«. Christen und Muslime beten erstmals demonstrativ gemeinsam. Verteidigungsminister Muhammad Tantâwi besucht die Truppen auf dem Tachrîrplatz.

Samstag, 5. Februar
Die gesamte Führung der NDP tritt zurück.

Montag, 7. Februar
Die ägyptische Regierung gibt eine Aufstockung der Gehälter und der Renten der Staatsangestellten um 15 Prozent bekannt.

Mittwoch, 9. Februar
Gewerkschafter und Arbeiter demonstrieren in der Parlamentsstrasse, in der Nähe des Tachrîrplatzes. Im ganzen Land kommt es zu Streiks.

Donnerstag, 10. Februar
Die Armeeführung tritt ohne Mubârak zusammen.

Freitag, 11. Februar
Omar Sulaimân gibt Mubâraks Rücktritt bekannt. Dieser wird mitsamt seiner Familie nach Scharm al-Scheich ausgeflogen. Die Macht wird auf die Armeeführung übertragen.

Samstag, 19. März
Verfassungsreferendum. Die neue Verfassung wird von 77,2 Prozent der Wähler angenommen.

Mittwoch, 13. April
Husni Mubârak und seine Söhne Gamâl und Alaa kommen in Untersuchungshaft.

Samstag, 16. April
Die NDP wird vom Obersten Verwaltungsgericht aufgelöst.

Mittwoch, 3. August
Beginn des Prozesses gegen Husni Mubârak.

Sonntag, 9. Oktober
Bei einer Demonstration von Kopten und Gegnern der Militärregierung werden 25 Menschen getötet.

Montag, 28. November
Beginn der Wahlen zur Volksversammlung.

2012
Sonntag, 29. Januar
Beginn der Wahlen zum Schura-Rat.

Mittwoch, 1. Februar
Bei gewalttätigen Ausschreitungen im Stadion von Port Saîd werden mindestens 74 Menschen getötet und 1000 verletzt.

Samstag, 10. März
Beginn der Registrierung der Kandidaten für die Präsidentschaftswahlen.

Zusammengestellt von Magdalena Suerbaum

Kristina Bergmann

Revolution am Nil

Den Auftakt zur Revolution habe ich verpasst: Am 25. Januar 2011, dem Tag, nach dem inzwischen viele Institutionen in Kairo benannt worden sind, war ich nicht auf der Strasse. Zwar wusste ich, dass viele Leute am sogenannten »Tag der Polizei« protestieren würden, und hatte bei meiner Redaktion sogar einen Artikel dazu angemeldet. Doch ich hatte nicht erwartet, dass an diesem Tag in Ägypten ein Volksaufstand beginnen würde.

Ich gehöre nicht zu denen, die geglaubt hatten, die Ägypter seien zu bequem und zu fatalistisch, um zu demonstrieren. Doch ich hatte angenommen, es würde erst in einigen Monaten oder Jahren zu einem Aufstand kommen. Das Fass war schon seit einiger Zeit voll gewesen, und es war bloss eine Frage der Zeit, wann ein Tropfen es zum Überlaufen bringen würde. Die meisten Ägypter hatten seit langem genug von ihrem Herrscher, seiner heuchlerischen Art und seinem brutalen Regime. Eigentlich warteten sie nur auf eine gute Gelegenheit, um gegen ihn zu revoltieren, denn sie ahnten, dass ihre Revolution gleich beim ersten Versuch gelingen musste – eine zweite Chance würde es angesichts der repressiven Politik von Mubâraks Machtapparat nicht geben. Wer hätte gedacht, dass diese Gelegenheit die Jasminrevolution in Tunesien sein würde? Und wer, dass die Ägypter sich an einer anderen Nation orientieren würden? Ägypter sind zumeist von sich selbst überzeugt, ja geradezu chauvinistisch. Ratschläge anzunehmen ist nicht ihre Sache. Zu den Maghrebinern (zu denen auch die Tunesier gehören) haben viele

Ägypter kaum einen Draht. Einmal mehr hatten sich diese Ressentiments im November 2009 manifestiert, als im entscheidenden Qualifikationsspiel die ägyptische Fussballnationalmannschaft der algerischen unterlag und sich somit nicht für die Weltmeisterschaft in Südafrika qualifizierte: Tausende ägyptische Fans randalierten daraufhin vor der algerischen Botschaft in Kairo. Doch offenbar hegen nicht alle Ägypter diese Abneigung, denn etliche Initianten der hiesigen Revolution standen insbesondere mit Revolutionären aus zwei Ländern in engem Kontakt: Tunesien und Serbien (Mitglieder der Organisation *Otpor!**). Von dort bekamen die zumeist jungen Aktivisten Antworten auf brennende Fragen: wie man eine Revolte organisiert und wie sie gelingen kann.

Jeder kennt *Skype, Facebook* und *Twitter*. In Ägypten wurden sie seit geraumer Zeit nicht nur zum Austausch von Nettigkeiten, sondern auch für den Widerstand benutzt. Auf *Facebook* und *Twitter* tummelten sich Anhänger verschiedener Oppositionsgruppen und riefen dort auch zu Demonstrationen auf. Diese waren in Ägypten, wo seit 1981 das Kriegsrecht herrschte, streng verboten. Es gab sie allenfalls in »geschlossenen« Institutionen, wie zum Beispiel an den Universitäten. Bis zum 25. Januar 2011 waren diese der Hauptort für Kundgebungen gewesen. Das sollte man wissen, wenn ein Ägypter erzählt, er habe »früher« oft an Demonstrationen teilgenommen.

Am Tag danach, also am 26. Januar – es war ein Mittwoch –, ging ich mit einer Kollegin in die Stadt. Wir

* *Otpor!* (»Widerstand«) wurde 1998 in Belgrad gegründet und trug massgeblich zum Sturz Slobodan Milošević' (2000) bei. In den Folgejahren unterstützte *Otpor!* auch die Oppositionsbewegungen in Georgien, der Ukraine und Belarus.

spürten, dass etwas Wichtiges passiert war. Menschen im Stadtzentrum erzählten uns von den Demonstranten, den Polizisten und den Auseinandersetzungen zwischen ihnen.

Noch aufschlussreicher war dann der Freitag.* Ich war auf dem Weg zur al-Ashar-Moschee, einem grossen Gebäudekomplex im alten islamischen Viertel, der den sunnitischen Islam seit Jahrhunderten bestimmt. In sie integriert ist die gleichnamige Universität, an der man – nach Geschlechtern getrennt – praktisch alles (nicht nur islamische Fächer) studieren kann. Ich setzte mich in ein Café im vierten Stock eines Hauses gegenüber der Moschee und war gespannt, was nach dem Freitagsgebet gegen Mittag passieren würde. Gewisse Befürchtungen hatte ich, dass die Muslimbrüder den Aufstand für sich vereinnahmen könnten. Ich hatte sogar jemanden gebeten, mich anzurufen, um mir zu berichten, ob vor der Moschee, wo er bete, Muslimbrüder stünden. Doch meine Befürchtung sollte sich als unbegründet erweisen: Die Muslimbrüder hatten beschlossen, sich nicht an den Protesten zu beteiligen. Möglicherweise erkannten sie die Bedeutung der Revolte nicht – oder sie waren eifersüchtig. Eifersüchtig darauf, dass die Menschen ohne die Initiative ihrer Organisation protestierten. Unter Mubârak war es üblich gewesen, dass Muslimbrüder sämtliche Proteste anzettelten und durchführten, doch nun zeichnete sich eine laizistische, liberal geprägte Auflehnung ab. Salafisten – andere sehr religiöse, aber (zumindest damals) unpolitische Islamisten – hielten die Demonstrationen hingegen für falsch. Sie sind der Meinung, dass man jeden Herrscher

* Nach jenem ersten Freitag fanden regelmässig dienstags und freitags Grossdemonstrationen statt.

akzeptieren müsse, solange er Muslim ist. Diese Auffassung teilt die Mehrheit der Ägypterinnen und Ägypter allerdings nicht, sie meinen vielmehr, dass Politik und Religion wenig miteinander zu tun haben und gegen einen Unterdrücker sehr wohl protestiert werden soll.

Nach dem Freitagsgebet strömten die Menschen auf die Strasse. »Auf zum Tachrîrplatz!«, begannen sie zu rufen. Der Platz liegt zweieinhalb Kilometer von der al-Ashar-Moschee entfernt und sollte zum Zentrum der Protestbewegung werden. Religiöse Sprüche hörte man von den Demonstranten kaum, laut skandierten sie indes den Slogan der tunesischen Revolution: *»Asch-schaab jurîd iskât an-nizâm.«* Die Ägypter, die sonst grossen Wert auf ihren Dialekt legen, übernahmen diesen Leitspruch in seinem hocharabischen Wortlaut, er bedeutet: »Das Volk will den Fall des Regimes.« Ich staunte, doch genau darauf konnte man sich offenbar über alle Grenzen hinweg einigen. Alle riefen ihn – Muslime und Christen, Männer und Frauen, Alte und Junge, Religiöse und Atheisten. Der Slogan setzte sich nicht nur in allen Bevölkerungsschichten durch, sondern auch in anderen arabischen Ländern, in denen die Menschen auf die Strasse gingen. Er lässt erahnen, wie sehr die Araber unter ihren Herrschern litten oder noch immer leiden.

Die Menschenmasse, die sich zum Tachrîrplatz bewegte, schwoll rasch an. Ich hastete die Treppe hinunter und begleitete dann den Demonstrationszug durch die Muskistrasse. Ein Grossaufgebot an Polizei markierte Präsenz. Der (inzwischen verurteilte) Innenminister Habîb al-Adli hatte den Befehl erteilt, Demonstrationen mit allen Mitteln zu verhindern. Tatsächlich schritt die Staatsmacht massiv ein:

Sämtliche Zugänge zum Tachrîrplatz waren versperrt. Die Polizei setzte Tränengas, Gummigeschosse und Wasserwerfer ein. Zahlreiche Menschen wurden verletzt. Doch gleichzeitig kursierten Tipps, wie man sich vor dem Tränengas behelfsmässig schützen konnte: »Nicht die Augen reiben!«, riefen einige, andere rieten: »Ein nasses Tuch vor die Nase halten!« oder »An einer Zwiebel riechen!« Hier und da warfen Frauen aufgeschnittene Zwiebeln auf die Strasse. Eine andere Empfehlung hatte mir zuvor der Freund einer Kollegin gegeben: Bei Tränengaseinsatz die Augen mit Cola spülen. So hatte ich vorsorglich ausser Wasser und einem Tuch auch eine Dose Cola mitgenommen. Einen Moment werde ich nie vergessen: Als die Demonstranten später leere Tränengasgranaten aufsammelten, sahen sie, dass nicht nur das Verfallsdatum längst überschritten war, sondern sie auch allesamt importiert waren. Warum, so fragten sie sich, hatten europäische Länder und die USA ausgerechnet einem Diktator wie Mubârak Munition geliefert, die er gegen sein Volk einsetzen konnte?

Gegen sechzehn Uhr gelang es einigen, die polizeilichen Absperrungen zu durchbrechen und den Tachrîrplatz zu besetzen. Ab sofort war er *ihr* Platz, eine erste wichtige Schlacht war gewonnen. Noch am selben Abend zog die Polizei ab – spurlos. Allerorten wurde gemutmasst, dies sei nur deswegen geschehen, um den Bürgern vor Augen zu führen, wie wichtig die Polizisten im Alltag seien. Oder hatten sie doch Angst vor dem plötzlichen Aufbegehren der Menschen bekommen?

Danach wurde die Polizei durch die Armee ersetzt: ein in Ägypten ungewöhnlicher Vorgang, wo die Armee eigentlich nur gegen äussere Bedrohungen eingesetzt werden darf. Deshalb war sie jahrelang völlig unsichtbar geblieben, doch nun wurden Panzer und Soldaten an allen wichtigen Orten des Landes stationiert. Das konnte nur bedeuten, dass die Staatsführung den Ernst der Lage erkannt hatte. Den Demonstranten kam das entgegen: Die Soldaten galten als freundlich und ruhig, und da jede ägyptische Grossfamilie, Muslime wie Kopten, einen oder mehrere Angehörige in der Armee hat, wurde die Wahrscheinlichkeit, dass diese zu den Waffen griffen, als eher gering eingeschätzt. Hinzu kommt, dass die Armee in Ägypten eine rote Linie darstellt: Nach dem Gesetz darf das Militär nicht beschimpft oder »beleidigt« werden. Die Menschen erkannten schon bald, dass ein Sturz Mubâraks nur um den Preis einer Machtübernahme durch das Militär möglich war. Darauf richteten sie ihren Protest aus. Erst Monate später sollten sich die Ziele der Demonstrationen ändern.

Auf dem eroberten Tachrîrplatz wurde an jenem Freitag zunächst hektisch die Revolution organisiert. Man wollte den Familien daheim, Ägypten und der ganzen Welt beweisen, dass man auch ohne Polizisten für Ordnung sorgen könne. Bürger begannen Essen an Demonstranten zu verteilen und anstelle der Polizisten den Verkehr zu regeln. Sie schafften auch Planen und Decken heran: Um auf dem Platz längere Zeit ausharren zu können, brauchte es schliesslich mehr, als nur genug zu essen und zu trinken. Das Militär begnügte sich damit, Panzer in Stellung zu bringen und abzuwarten. War Mubâraks Abgang schon ausgemachte Sache?

Viele westliche Journalisten meinten damals, die paar hunderttausend Menschen auf dem Platz seien im Vergleich zu 81 Millionen Ägyptern unbedeutend. Ich war und bin damit nicht einverstanden. Demonstrationen waren in Ägypten (wie auch in anderen arabischen Ländern) verboten. Nur ganz Mutige (oder sogar Lebensmüde) hatten sich auf die Strasse gewagt, mehr als 300 Menschen waren nie zusammengekommen. Jedes Mal wurden sie von Geheimpolizisten in Zivil niedergeknüppelt, oft festgenommen und anschliessend nicht selten gefoltert: Zigaretten wurden auf ihrer Haut ausgedrückt, sie erhielten Elektroschocks und wurden oft auch vergewaltigt. Dass also im Januar 2011 längst nicht alle, die gegen Mubârak waren, sich auch aktiv an den Protesten beteiligten, liegt auf der Hand.

Es lässt sich hochrechnen, dass auf jeden Demonstranten, der auf dem Tachrîrplatz protestierte, rund fünfzig Personen kamen, die den Aufstand nur indirekt unterstützten, denn nicht nur aufgrund der Erfahrungen mit der Polizeigewalt erschienen viele nicht. Frauen wurde praktisch immer empfohlen daheimzubleiben; Alte überliessen den Widerstand weitgehend den Jüngeren; Kinder brachte man aus Sorge um die Sicherheit nur in Ausnahmefällen mit. Sogar an den entscheidenden Tagen waren deshalb nie mehr als eine Million Menschen auf dem Tachrîrplatz. Dass es dennoch ein echter Volksaufstand, eine richtige Revolution war, daran kann kein Zweifel bestehen. Die Armee verstand das, Mubârak schliesslich auch.

Es wurde Februar und somit kühler, manchmal war es sogar richtig kalt. Dennoch hatten viele Demonstranten beschlossen, auf dem Tachrîrplatz auszuharren, bis Mubârak gehen würde. Als es zu regnen anfing, spannten sie Plastikfolien auf. Das gab dem Platz ein ganz neues Gesicht. An vielen Stellen waren auch Bilder und Plakate angebracht. Das Schönste aber war, dass der Platz wegen der Menschenmassen nun gänzlich autofrei war – zuvor war er einer der wichtigsten Verkehrsknotenpunkte gewesen, täglich hatten ihn rund drei Millionen Autos passiert.

Der Tachrîrplatz besteht aus einem mehrspurigen Kreisverkehr und einer mit Gras und einigen Sträuchern bepflanzten Mittelinsel. An den Platz grenzen einige Verwaltungsgebäude und das Ägyptische Museum. Er wurde im neunzehnten Jahrhundert angelegt, um Kairos Infrastruktur zu verbessern, und nach dem seinerzeit herrschenden Vizekönig Ismaîl Pascha benannt. Nach dem Sturz der Monarchie durch die Freien Offiziere 1952 wurde er in *Midân at-Tachrîr,* Platz der Befreiung, umgetauft.

Während der Demonstrationen ging ich oft zum Tachrîrplatz. Da die dortige Metrostation Sadat allerdings tagelang gesperrt war, musste ich vorher an der Station Saad Saghlûl aussteigen und den Rest der Strecke zu Fuss gehen. Ich fand schnell Gefallen an diesem täglichen Ritual: Auf dem Weg gab es immer viel zu sehen, und manche Demonstrationen begannen bereits in der Metrostation. Was mochten wohl die Ladenbesitzer und die Anwohner beim Anblick der Menschenmassen denken, die vor allem dienstags und freitags an ihren Häusern vorbeizogen? An den Kreuzungen waren Panzer stationiert. Die Soldaten hatten den Befehl, die Menschen gewähren zu lassen. An einem Freitag unterbrach ich meinen Fussmarsch und versuchte, ein paar Soldaten und Offiziere in ein Gespräch zu verwickeln. Sie waren überrascht und nicht sehr mitteilsam, so dass hauptsächlich ich es war, die redete. Plötzlich sah ich einen mir bekannten

Geschäftsinhaber aus dem Vorort Maâdi, in dem ich wohne. Erstaunt fragte ich ihn, was er hier mache, denn Ladenbesitzer waren in Ägypten bekannt dafür, dass sie es verstanden hatten, sich mit Mubârak und seinen Schergen zu arrangieren. »Lassen Sie die Soldaten in Ruhe, die Armee müssen wir akzeptieren«, flüsterte er mir zu und ging rasch weiter.

Einmal hatte ich mir vorgenommen, einige Aufständische in Wort und Bild zu porträtieren. Schon in der Metro begegnete ich interessanten Menschen, beispielsweise einer jungen Frau, die sich über jene Leute ärgerte, die Mubârak noch immer verteidigten und die Revolution attackierten. Sie stritt sich mit zwei jungen Mädchen darüber. Als sie entmutigt an der Station Saad Saghlûl ausstieg, weinte sie. Zögernd umarmte ich sie und sagte ihr, sie solle sich nicht empören, solche Menschen gebe es immer. Ich beschwor sie, weiter für ihre Überzeugung zu kämpfen. Seltsam, dass gerade ich als Ausländerin eine aufständische Ägypterin trösten musste. Sie wischte sich die Tränen aus den Augen und lächelte wieder. Es stellte sich heraus, dass sie am Tachrîrplatz am Mikrofon stand und auch für eine Radiostation arbeitete. Ich machte ein Porträt von ihr.

Ein anderes Mal machte ich die Bekanntschaft einer Mutter zweier bereits erwachsener Kinder. Sie war chic gekleidet, und ich fragte sie, warum sie auf den Platz gekommen sei, schliesslich traf man offensichtlich wohlhabendere Damen mittleren Alters nicht so häufig auf den Demonstrationen. »Die Revolution ist gut und wichtig, deshalb bin ich hier. Aber damit eine Demokratie funktioniert, muss sich jeder anstrengen und Gleichheit unter den Bürgern – zumindest bis zu einem gewissen Grad – anstreben«, erklärte sie mir. Ihre Antwort gefiel mir – die Klassenunterschiede in Ägypten sind ein Thema, mit dem ich mich schon seit langem beschäftige.

Telefone funktionierten auf dem Tachrîrplatz zuerst gar nicht und später nur bedingt. Auch das Internet, offenbar der Erzfeind der ägyptischen Regierung und auch der übrigen arabischen Regime, war tagelang blockiert. Doch auf den Demonstrationen traf man unzählige spannende Menschen und kam so an alle wesentlichen Informationen, die man als Journalistin brauchte.

Als Mubârak am 29. Januar eine neue Taktik versucht hatte – erstmals in seiner langen Amtszeit hatte er einen Vizepräsidenten ernannt und die Regierung ausgetauscht –, war das den Demonstranten längst nicht genug. *»Irhal«*, riefen sie, »verschwinde!« Am 11. Februar, einem Freitag, kam er dieser Aufforderung endlich nach: Er trat zurück, und die Armee flog ihn nach Scharm al-Scheich am Roten Meer aus, wo er eine Villa besitzt. Sich wie der tunesische Diktator Ben Alî ins Ausland abzusetzen kam für Mubârak offenbar nicht in Frage: Er betrachtet sich als Patriot. Seine Worte, wonach er in Ägypten sterben wolle, halte ich für durchaus ernst gemeint.

Die Macht im Staat übernahm in der Folge ein zwanzigköpfiger Militärrat, und manch westlicher Journalist verstieg sich zu der Feststellung, es handele sich um einen Militärputsch. Doch es war komplizierter. Zwar war der Wechsel weder so phantastisch und patriotisch, wie ihn viele Ägypter zeitweilig glorifizierten, aber er war auch nicht ausschliesslich von der Armee dirigiert, wie es in manchen westlichen Medien beschrieben wurde.

Die meisten ausländischen Journalisten verliessen das Land von heute auf morgen, ein neuer Brennpunkt des Arabischen Frühlings rückte in den Fokus der Weltöffentlichkeit: Libyen. Die Kleinarbeit, die in Ägypten nun geleistet werden musste und muss, stiess im Ausland kaum noch auf Interesse. Dabei gibt es so viel zu tun, und gerade auch mit Blick auf die europäische Geschichte sollte man keine allzu schnellen Veränderungen erwarten, schliesslich benötigten die politischen und sozialen Umwälzungen nach den Revolutionen dort 100 bis 200 Jahre!

Amira Sayed El Ahl
Erinnerungen

Ägypter revoltieren nicht. Das war die vorherrschende Meinung im In- und Ausland. Dabei hatten die Ägypter allen Grund, sich gegen ihre Lebensumstände und das Regime Husni Mubâraks aufzulehnen. Vierzig Millionen, die Hälfte der Bevölkerung, leben in Armut und müssen mit weniger als zwei Dollar am Tag auskommen. Nur einige wenige im Land profitierten vom wirtschaftlichen Aufschwung der vergangenen Jahre, und die Schere zwischen Arm und Reich wurde immer grösser. Zur Armut gesellten sich Unterdrückung, Vetternwirtschaft und Korruption. Der von Mubârak aufgebaute Polizeiapparat umfasste fast 1,5 Millionen Mann. Die Sicherheitskräfte waren ein Instrument der Ausbeutung, des Machtmissbrauchs und der Überwachung, Drohungen und Folter waren in Ägypten an der Tagesordnung. Mit diesem Apparat im Rücken, der jede Opposition im Keim erstickte, und mit gefälschten Wahlen hatte Mubârak dreissig Jahre lang die Macht am Nil monopolisiert. Alles sah danach aus, dass sein Sohn Gamâl die Nachfolge als Staatschef antreten würde.

Es hiess, die Ägypter flüchteten sich bisweilen zwar in den Humor und machten Witze über ihren Gleichmut und ihren Kniefall vor dem Regime, aber der Sicherheitsapparat sei schlicht zu stark und die Angst vor Repressalien zu gross, um aufzubegehren. Die Massen seien damit beschäftigt, durch den Tag zu kommen, Essen für ihre Kinder und Geld für die Miete zu beschaffen. Sie hätten daher weder

Zeit noch Musse, sich Gedanken um Politik oder gar den Sturz der Regierung zu machen.

Wir sollten eines Besseren belehrt werden.

Als in Tunesien die Jasminrevolution im Gange war, wurde ich gefragt, ob Ähnliches in Ägypten vorstellbar sei. Ich verwies darauf, wie sehr sich beide Länder unterscheiden. Obwohl ich seit 2006 regelmässig über die Demokratiebewegung in Ägypten berichte und viele Blogger und Aktivisten persönlich kenne, konnte ich mir nicht vorstellen, dass Mubâraks Regime ähnlich schnell wie das tunesische gestürzt werden könnte. Die für Freiheit, Demokratie und Gerechtigkeit streitenden ägyptischen Blogger begeisterten mich mit ihrem Mut. Sie gaben mir Hoffnung, dass sich irgendwann etwas ändern würde, aber ich hatte nicht mit dem gerechnet, was am 25. Januar 2011 seinen Anfang nahm. Zu oft hatte ich gesehen, wie unerschrockene Menschen der übermächtigen Polizei die Stirn boten und dann von ihr durch die Strassen Kairos gejagt wurden. Warum sollte es diesmal anders ausgehen?

In jener Woche waren Freunde aus dem Ausland in der Stadt, und ich verabredete mich am Morgen des 25. Januar mit ihnen für einen Spaziergang durch Kairos islamisches Viertel. Sicherheitskräfte hatten schon vor neun Uhr das gesamte Stadtzentrum weiträumig abgeriegelt, und ich gelangte nur auf Umwegen zu unserem Treffpunkt. Ich machte mir grosse Sorgen um meine Freunde, die diesem unfassbar grossen Aufgebot an Bereitschaftspolizisten entgegentreten müssten.

Als ich am Nachmittag den Heimweg antrat und der Taxifahrer es nur mit Mühe und dank seiner guten Ortskenntnis schaffte, mich nach Hause zu bringen, begann ich langsam zu ahnen, dass Aussergewöhnliches geschah. Es demonstrierten nicht wie sonst nur ein paar hundert, es waren Tausende in der ganzen Stadt, die sich trotzig den Wasserwerfern entgegenstellten. Brücken wurden gesperrt, der Verkehr umgeleitet, und überall bildeten sich spontan neue Demonstrationen auf den Strassen. Der Knoten war durchgehauen.

Der 28. Januar änderte dann alles in Ägypten. Millionen von Menschen gingen an jenem Freitag auf die Strassen, um friedlich gegen Mubârak zu demonstrieren. Das Regime antwortete in der einzigen Sprache, die es beherrschte: mit Gewalt. Zuerst wurden die wichtigsten Kommunikationswege sabotiert. Weder das Internet noch der Mobilfunk funktionierten an diesem Tag, der Internetzugang sollte sogar noch tagelang gekappt bleiben. Ägypten war vom Rest der Welt abgeschnitten.

Ich hatte mich schon am frühen Morgen vor der al-Ashar-Moschee postiert und harrte gespannt der Dinge. Was dann passierte, beeindruckte mich tief, es wird einer der Momente bleiben, an die ich mich noch lange erinnern werde: Als die Menschen nach dem Freitagsgebet aus der Moschee kamen, begannen sie Parolen gegen das Regime zu skandieren, und binnen kürzester Zeit zogen Hunderte die al-Ashar-Strasse entlang Richtung Stadtzentrum. Nie zuvor hatte ich Kairo so erlebt. In den angrenzenden Strassen herrschte eine fast gespenstisch anmutende Ruhe, doch an ihren Enden hatte sich die Bereitschaftspolizei postiert. Als ich den beissenden Schmerz spürte, den das Tränengas in den Augen und im Hals verursachte, wusste ich, dass wir uns inmitten der Kampfzone befanden.

Ich war fasziniert von der Masse, die sich friedlich der Polizei entgegenstellte. Zu meinem grossen Erstaunen hatten sich Menschen jeden Alters – es war also nicht bloss eine Revolution der Jugend! – und aus allen Schichten zusammengefunden: Familien mit Kindern waren darunter, Hausfrauen, Künstler und Intellektuelle, viele Jugendliche, aber auch Alte liefen friedlich zum Stadtzentrum. Niemand warf einen Stein, und trotzdem feuerte die Polizei ohne Vorwarnung Tränengaspetarden in die Menge.

Eine Begebenheit an diesem Tag hat sich mir besonders eingeprägt: In einer Fussgängerzone kam uns eine ältere, verschleierte Frau entgegen. Sie schrie und erging sich in wilden Beleidigungen gegen den Präsidenten und das Regime. Die Frau war auf dem Weg zum Krankenhaus gewesen, als sie plötzlich mitten in die Tränengasschwaden geriet. Sie konnte kaum atmen, doch die wenige Luft, die ihr blieb, benutzte sie zum Fluchen. In diesem Moment wurde mir schlagartig klar, dass Mubâraks Sicherheitskräfte es geschafft hatten, Unbeteiligte zu politisieren und letztlich ein ganzes Volk gegen sich aufzubringen.

Was in den kommenden Stunden und Tagen folgte, war der Kampf eines Regimes, dem jedes Mittel recht ist, um das Volk einzuschüchtern und seine eigene Macht zu erhalten. Zuerst begannen die Sicherheitskräfte, Demonstranten gezielt mit scharfer Munition anzugreifen. Als sich die Proteste auch so nicht auflösen liessen, zog der Innenminister in einer konzertierten Aktion sämtliche Sicherheitskräfte von den Strassen Kairos ab. Wenig später wurden die Gefängnisse geöffnet, und Tausende Häftlinge konnten – teilweise bewaffnet – flüchten. Sie sollten das Land ins Chaos stürzen, um die Menschen vom Demonstrieren abzuhalten. Doch der Plan der Regierung ging nicht auf. Sie wollte Angst säen, erntete aber Entschlossenheit und sah sich einem Volk gegenüber, das tagsüber am Tachrîrplatz friedlich für Demokratie und Freiheit demonstrierte und nachts mit Bürgerwehren in den Strassen patrouillierte, um die Nachbarschaft vor Kriminellen zu schützen. Nie mehr nach 1989 hatte in dem Satz »Wir sind das Volk« so viel Wahrheit gelegen. Es war Ausnahmezustand und Rausch zugleich. Ausgangssperre, Plünderungen und Schiessereien während der Nacht versetzten alle in Angst und Schrecken. Anrufe bei Freunden und Familie, um sicherzugehen, dass es allen gutging, wurden zum festen Bestandteil des Tages.

Auf dem Weg nach Maâdi, einem Vorort im Süden der Stadt, beobachtete ich eines Morgens aus dem Auto, wie Zivilisten an einer Kreuzung einen Kriminellen der Armee übergaben. In jenen Tagen machten es sich viele junge Männer zur Aufgabe, entlaufene Häftlinge zu fangen und an die Armee auszuliefern. Durch Kairo zu fahren und brennende Häuser zu sehen, geplünderte Geschäfte und Strassensperren, an denen Zivilisten die Ausweise kontrollierten, war bizarr. Kairo war für mich bis dato die sicherste Stadt der Welt gewesen. Trotz seiner achtzehn Millionen Einwohner hatte ich mich immer beschützt gefühlt. Kriminalität hatte es nur in verschwindend geringem Ausmass gegeben. Nicht einmal die Handtasche war mir hier jemals gestohlen worden.

Der Tachrîrplatz wurde zum Symbol für den Wunsch nach Freiheit und Gerechtigkeit. Normalerweise drängten sich hier täglich Millionen Autos. An deren Stelle war plötzlich eine Zeltstadt mit Krankenstationen, Teestuben und Essensverkäufern entstanden. Zuweilen erinnerte mich die Stimmung an Rockfestivals in Europa.

Erstaunen, Freude, Wut, Sorge und Trauer – in jenen achtzehn Tagen durchlebte ich die gesamte Gefühlspalette. Nie werde ich vergessen, wie ich am 1. Februar vom Tachrîrplatz nach Samâlik lief. Die Stimmung auf dem Platz war entspannt, freudig, fast ausgelassen, Hunderttausende waren gekommen. Nie hatte ich so viele glückliche Gesichter, so viel Optimismus und vor allem so viel politischen Austausch zwischen den Ägyptern gesehen. Junge und Alte, Kopten und Muslime, Liberale und Muslimbrüder, verschleierte und unverschleierte Frauen, Reiche und Arme standen beisammen, und sie alle hatten dasselbe Ziel: mit friedlichen Mitteln einen politischen Wandel herbeizuführen. Es war, als hätten die Ägypter ihre Stimme gefunden, alle riefen immer wieder: »Tritt ab, Husni!« Es war keine Bitte, sondern eine klare Forderung. Die Menschen waren entschlossen, sich ihre Rechte zu nehmen. Auf friedlichem, demokratischem Weg. Damit straften die Ägypter all jene Lügen, die behaupteten, Araber seien nicht fähig zur Demokratie. Verhindert hatten dies korrupte Machthaber, die kein Interesse an freiheitlichen Strukturen hatten. Die Ägypter sind bereit für die Demokratie – zumindest war das damals mein Gefühl, als ich den Tachrîrplatz verliess. Tausende strömten mir entgegen, alle kamen zu Fuss aus den im Westen liegenden Stadtteilen Samâlik, Dukki und Muhandissîn. Dort leben hauptsächlich Menschen, denen es finanziell gutgeht, die sich eine Wohnung, ein Auto und Urlaub leisten können. Es waren also nicht wirtschaftliche Gründe, die diese Menschen dazu gebracht hatten zu demonstrieren. Arme und Reiche hatten vielmehr genug vom System Mubârak, von Unterdrückung, Misswirtschaft und Korruption. Mir kamen Familien entgegen, junge Paare und ältere Damen, von denen mir drei besonders im Gedächtnis geblieben sind: Sie kamen gerade aus ihrem Haus in Samâlik, die Haare frisch frisiert, mit Sonnenbrillen und in elegante Jäckchen gekleidet. Ganz offensichtlich gehörten sie zur besseren Gesellschaft und waren deutlich über sechzig. Ich vermutete, dass sie auf dem Weg in den Klub seien, doch eine der Damen fragte ihre Freundinnen: »Wie kommen wir am besten zu Fuss zum Tachrîrplatz?«

Die Ägypter haben nur achtzehn Tage benötigt, um Geschichte zu schreiben. Fast niemand hätte das drei Wochen zuvor für möglich gehalten.

Am Abend nach Mubâraks erzwungenem Rückzug lief ich bis tief in die Nacht durch die Innenstadt. Ganz Kairo schien auf den Beinen zu sein, die Menschen feierten ausgelassen ihren Triumph über das Regime. Überall leuchteten die ägyptischen Farben Rot, Weiss und Schwarz, die Stadt glich einer riesigen Partymeile. Doch es war ein einziger Satz, der mich ins Herz traf und alles erklärte: »Erhebe deinen Kopf, du bist Ägypter!«

Kristina Bergmann

Wie man eine Revolution organisiert

Um aus einem blossen Aufstand eine Revolution zu machen, brauchte es natürlich Logistik und Organisation. Nur die Disziplin der vielen machte dies möglich. Fast alle, die demonstrieren gingen, engagierten sich auf die eine oder andere Weise zusätzlich: sammelten Müll ein oder kontrollierten Besucher. Ohne diese Logistik, die sehr viel mehr war, als nur Essen auf den Tachrîrplatz zu bringen, wäre die Revolution nicht gelungen. Das »Antiautoritäre« – der Wunsch, zu beweisen, dass man gut ohne einen Chef oder die Polizei klarkam – war eines der positivsten Elemente jener Tage: wohl auch ein Resultat der langen, repressiven Regentschaft Mubâraks, deren praktisch alle Ägypter überdrüssig waren.

Am östlichen Zugang zum Tachrîrplatz traf ich Hâla Kusi. »Ich habe mich heute Morgen als Kontrolleurin gemeldet«, sagte sie und erklärte mir, dass täglich über Lautsprecher Freiwillige gesucht würden, die aufräumen oder Nahrung sowie Decken und Folien gegen die Kälte verteilten. Mehrmals schon sei sie diesem Aufruf gefolgt: Drei Tage lang habe sie Müll eingesammelt.

Nun tastete Kusi Frauen ab, die auf den Tachrîrplatz wollten. »Wir schauen, ob sie Waffen tragen, denn die können wir bei unserem friedlichen Aufstand nicht brauchen«, sagte sie. Als sie Müll auflesen sollte, bekam sie von einem der Organisatoren Plastikhandschuhe und einen Abfallsack. Das Regime sollte ihnen nicht Unsauberkeit vorwerfen können. Angesichts des vielen Mülls, der im Nilland so oft achtlos weggeworfen wird, wirkte der Tachrîrplatz während der Revolution trotz der Menschenmassen tatsächlich sauberer als jeder andere Ort in Ägypten. Kurz vor Mittag versammelten sich, vor allem am Freitag, Männer und Frauen zum Gebet; zur dafür notwendigen rituellen Reinigung diente ihnen der Strassenstaub.

Mehrere nahe gelegene Moscheen wurden in Lazarette umgewandelt. Der Eingang der al-Rachma-Moschee sei jetzt eine Apotheke, berichtete mir der Arzt Ismaîl Abdalhâdi. Unzählige Medikamente seien gespendet worden. Abdalhâdi war am Mittwoch der zweiten Revolutionswoche aus dem Gouvernement al-Minufîja im Nildelta nach Kairo gekommen. »Wir fragen keinen Patienten, auf welcher Seite er steht«, erklärte er. Alle, auch verletzte Polizisten, würden gratis behandelt. Einige staatliche Krankenhäuser hätten es hingegen abgelehnt, Demonstranten zu behandeln. Seine Kollegen und er schliefen auf dem Boden, wenn sie Zeit hätten. Ihre Ausrüstung sei minimal, vor allem fehle es an operativen Möglichkeiten, sagte Abdalhâdi.

Doch nicht nicht nur Kranke und Verletzte brauchten Hilfe. Viele Demonstranten waren von weit her gekommen und mussten vor Ort schlafen. So wurde die Omar-Makram-Moschee südwestlich des Platzes, wo sonst Totenfeiern für verstorbene Berühmtheiten abgehalten werden, in ein Schlaflager für Frauen umgewandelt. Dort war es zwar wärmer als auf der Strasse, doch gab es weder Matratzen noch Decken. Vor dem WC stand eine lange Schlange. »Alle Demonstrantinnen kommen hierher, es herrscht ständig grosser Andrang«, berichtete mir eine Frau, die um die sanitären Anlagen besorgt war. Die meisten würden kaum etwas trinken, um nicht auf die Toilette gehen zu müssen, und duschen könnten sie sowieso erst wieder daheim. Dann eilte die »Toilettenfrau« zur improvisierten Ladestation am Tachrîrplatz, wo zahllose Mobiltelefone an Kabeln hingen. »Es braucht viel, um die Bedürfnisse aller Demonstranten zu befriedigen«, meinte sie nachdenklich.

Im übrigen Kairo und in ganz Ägypten brach unterdessen die scheinbare Ordnung und Sicherheit zusammen. Viele begannen, ihre Familien und ihren Besitz mit Schlagstöcken zu verteidigen. Vor allem Männer blieben nachts wach und organisierten sich strassenweise in Bürgerwehren. Im staatlichen Fernsehen hatte es geheissen, dass einige Protestler gewaltsam Häftlinge befreit hätten und sich nun als Räuber und Vergewaltiger betätigten. Bei so manchem regte sich der Wunsch, der am 31. Januar zurückgetretene, bei der Mehrheit der Ägypter verhasste Innenminister Habîb al-Adli, der für Law and Order gestanden hatte, möge zurückkehren. Zumindest in manchen Kairoer Vorstädten entpuppte sich die Warnung vor Überfällen als reine Panikmache. Es wurde vermutet, das Mubârak-Regime hätte diese Gerüchte gezielt gestreut, um den Bürgern Angst zu machen.

Einige Geschäftsinhaber beklagten sich indes über Raubüberfälle und Vandalismus. Manche jammerten sogar, dieser Aufstand bringe nur Ungewissheit und Leid. Zwar blieben viele Läden dennoch geöffnet, aber gleichzeitig gingen die Waren aus, da sie vor allem wegen der Ausgangssperre kaum noch beliefert werden konnten. Um die Leere in den Regalen zu kaschieren, schichteten Angestellte vielerorts Waren um. Doch in Fleisch-, Fisch- und Frischevitrinen liess sich bald nicht mehr verheimlichen, dass die Vorräte längst aufgebraucht waren. Vor allem für Arme wurde die Situation insofern dramatisch, als sie nun stundenlang für subventioniertes Brot aus importiertem Weizen anstehen mussten. Auch Gemüse und Obst wurden rar. Dabei lag das Hauptproblem in den unzähligen Strassensperren, die die Transporte vom Grossmarkt in die Geschäfte behinderten. Sie waren letztlich auch der Grund für die Preiserhöhungen: Milchprodukte wurden um zwanzig bis vierzig Prozent teurer, die Preise für Tomaten und Erdbeeren verdoppelten sich gar. Doch die Ägypterinnen und Ägypter arrangierten sich.

Nachdem am 28. Januar praktisch die gesamte Polizei abgezogen worden war, war ein Vakuum entstanden. Die an ihre Stelle gerückten Soldaten waren zahlenmässig viel weniger und hatten natürlich keine Erfahrung mit polizeilichen Aufgaben. Bürger ergriffen deshalb selbst die Initiative: Sie stellten sich auf Strassenkreuzungen und regelten den Verkehr. Ohne sie wäre rasch Chaos ausgebrochen, denn die Kairoer Strassen sind stark befahren.

Eine zwiespältige Massnahme des Militärs, um die Ordnung aufrechtzuerhalten, war die Verhängung einer Ausgangssperre. Die Logistik der Metropole wurde dadurch enorm beeinträchtigt. Die meisten Nachrichtenagenturen meldeten zwar, die Ausgangssperre würde gar nicht eingehalten, doch war das nur die halbe Wahrheit. Der Tachrîrplatz, der nach wie vor Hauptschauplatz der Revolution war, wurde durch die Ausgangssperre in der Tat nicht tangiert. Weiter entfernt liegende Strassen waren nach fünfzehn, dann siebzehn, neunzehn und schliesslich vierundzwanzig Uhr indes wie leergefegt.

Auf der Demonstration traf ich auch Fatma Omar. Die junge Juristin aus Kairo hatte sich von Anfang an an den Protesten gegen Mubârak beteiligt. Jeden Tag fuhr sie mit der U-Bahn zum Tachrîrplatz. Dort engagierte sie sich für die eigens eingerichtete Radiostation. Oft stand Fatma Omar sogar selbst am Mikrofon. Jeder konnte sich – nach Anmeldung – an der Programmgestaltung beteiligen. Im Fokus der Berichterstattung standen natürlich die Ereignisse rund um den Tachrîrplatz, doch es wurden auch Meldungen aus anderen Landesteilen und sogar aus dem Ausland gesendet. Leider gibt es dieses erste freie Radio inzwischen nicht mehr. Andere neue, wesentlich kommerziellere Sender sind an seine Stelle getreten.

Neun Monate später habe ich Fatma Omar erneut getroffen.*

Mittlerweile gibt es nur noch sporadische Demonstrationen. Was machen Sie heute?

»Ich bin Journalistin geworden. Ich arbeite für die revolutionäre Zeitung *al-Hakîka al-jaum* (›Die Wahrheit von heute‹). Die Organisation *Harakât li-daîja* (›Bewegung für die Mission‹) wurde unmittelbar nach Mubâraks Sturz gegründet; ich bin damals eingetreten und dabeigeblieben. Wir arbeiten auch heute noch.«

* Das Interview wurde am 28. Oktober 2011 in Kairo geführt.

Was genau machen Sie dort?

»Unsere Organisation will ein demokratisches Ägypten aufbauen. Über meine Arbeit für das Radio habe ich viele Leute kennengelernt. So wurde ich in der *Harakât li-daîja* zur Beauftragten für internationale Arbeit. Ich habe viel zu tun und versuche, uns mit ähnlich orientierten ausländischen Organisationen zu vernetzen.«

Ist die Situation heute in Ägypten besser oder schlechter als früher?

»Viel besser! Wir haben für Freiheit, Gerechtigkeit und sozialen Frieden gekämpft. Dafür haben wir die Revolution durchgezogen. Das erste Ziel ist erreicht, das zweite in grossen Teilen, also kämpfen wir heute vor allem für das dritte.«

Viele Leute klagen, es verändere sich zu wenig und vor allem viel zu langsam. Was meinen Sie?

»Ich finde das nicht. Natürlich muss es viel mehr soziale Gerechtigkeit, gerade für uns Junge, geben. Viele von uns sind arbeitslos, finden keine bezahlbare Wohnung und können aus Geldmangel nicht heiraten. Ausserdem wird in Ägypten allgemein viel zu wenig für die junge Generation getan, wir kommen nirgendwo wirklich zum Zuge.«

Woran liegt das?

»Wir haben dreissig Jahre lang nur Unterdrückung, Gewaltherrschaft und Angst gekannt. Deshalb ist es gerade für die, welche dreissig oder jünger sind, nicht einfach, nun anders zu denken und anders zu sein. Zum Beispiel kannten wir nie Meinungsfreiheit. Plötzlich haben wir sie, aber es ist schwer, sie in Anspruch zu nehmen und auch anderen zuzugestehen. Die Ursachen dafür sind also politischer Art.

Allerdings machen sich klare Veränderungen im Politikverständnis bemerkbar. Früher wussten wir gar nichts von Politik, heute jedoch viel mehr, und man kann uns nicht mehr so leicht täuschen.«

Warum hat sich das Verhältnis der Bevölkerung zur Armee so stark verändert?

»Sie hat inakzeptable Dinge getan. Zumindest sagen das die Medien. Keiner hätte sich während der Revolution ausmalen können, was die Armee anschliessend tun würde: Militärprozesse abhalten, ein Demonstrationsverbot verhängen und Jungfräulichkeitstests vornehmen.«

Wie sehen Sie die jetzige Regierung?

»Heute werden wir von der Armee, vom obersten Armeerat beherrscht. Wie früher haben wir also eine Militärjunta.* Am 28. Januar akzeptierten wir die Schützenhilfe durch die Armee, weil uns die Polizei – bevor sie verschwand – gequält, gefoltert und getötet hatte. Damals erschien uns die Armee gegenüber den brutalen Polizisten, die wir immer als Vertreter Mubâraks empfunden hatten, als Erlöserin. Heute wollen wir aber unbedingt eine zivile Regierung.«

Es gab und gibt eine lebhafte Diskussion über die Wahlen und die Änderung der Verfassung. Was meinen Sie dazu?

»Für mich kommen die Wahlen zu spät, zumindest sehr viel später, als sie versprochen worden waren. Ausserdem wünsche ich mir, dass zuerst der Präsident gewählt wird, damit kein Chaos ausbricht. Wir haben in Ägypten eine Präsidialrepublik, also brauchen wir einen Präsidenten. Das

* Fatma Omar spielt auf die Machtergreifung der Freien Offiziere im Jahr 1952 an: Sie zwangen König Farûk ins Exil und riefen ein Jahr später die Republik aus.

kann bestimmt nicht Muhammad Tantâwi sein, denn er war früher Verteidigungsminister und ist jetzt Vorsitzender des Militärrats. Der gewählte Präsident sollte aber ein Zivilist sein. Obwohl ich beim Referendum im März mit Nein gestimmt habe, finde ich die enthaltenen Änderungen zur Präsidentenwahl sehr gut.* Wie viele Ägypter fürchte ich mich davor, dass wieder eine korrupte Person wie Mubârak die Macht ergreift.«

Welche Bestrafung wünschen Sie sich für Mubârak und seine Söhne?

»Mubârak, seine Söhne und der frühere Innenminister sollten mit dem Tode bestraft werden. Danach sollte die Todesstrafe jedoch abgeschafft werden. Ausserdem müssten alle, also auch Mubârak und seine Söhne, das viele Geld, das sie dem Volk gestohlen haben, zurückgeben. Nicht uns Menschen natürlich, sondern dem Staat. Der ist nämlich pleite.«

*Finden Sie, dass der Artikel 2 der Verfassung gestrichen werden sollte?***

»Ja, wie auch andere Ägypter wünsche ich seine Abschaffung. Ich habe einen christlichen Freund, bin also bestimmt nicht gegen die Kopten, doch in den Augen vieler Ägypter wäre es ein Drama, wenn ich ihn heiraten würde. Genauso verhält es sich mit Artikel 2: Viele halten ihn für falsch,

* Während früher der Präsident lebenslang amtieren konnte – er durfte beliebig oft für sechs Jahre wiedergewählt werden –, wurde mit den Verfassungsänderungen, die im Referendum vom 19. März 2011 von der Mehrheit der Stimmbürger angenommen wurden, u.a. eine Amtszeitbeschränkung von zweimal vier Jahren eingeführt.

** Artikel 2 definiert den Islam als Staatsreligion und das islamische Recht, die Scharia, als eine der Hauptquellen der Gesetzgebung.

doch seine Abschaffung würde Proteste und sogar Chaos hervorrufen. Die Ägypter sind eben konservativ. Die grosse Mehrheit ist muslimisch und findet, Ägypten müsse ein islamisches Land bleiben.«

Kristina Bergmann

Die Entwicklung ausserhalb Kairos

Neben Kairo waren Alexandria und Sues Hauptschauplätze der Revolution. Auch hier fanden Demonstrationen und Proteste statt, über die Journalisten regelmässig berichteten. Andere Orte blieben abgeschieden, von der Revolution war dort kaum etwas zu spüren.

Sues

Der ägyptische Blogger Wâil Abbâs stellte während der Revolution Videos in seinen Blog – und schrieb nichts. Er war keine Ausnahme, viele arabische Blogger und Kommentatoren fühlten sich von den Geschehnissen in ihren Ländern überrollt. Eine bahrainische Autorin meinte mir gegenüber, sie habe während der Wochen, als in ihrem Land revoltiert wurde, keine Zeit gehabt, etwas zu veröffentlichen. Doch aus ihren Worten sprach auch die Angst vor den Behörden. In Ländern wie Syrien und Bahrain, in denen die Aufstände noch andauern oder aber vorderhand gescheitert sind, drohen jenen, die auf die Strasse gegangen sind oder etwas geschrieben haben, schwere Strafen. Auch in Ägypten lässt der Militärrat Kritiker verhaften.

Lediglich unter ein Video, das er erhalten hatte, setzte Wâil Abbâs einen kleinen Text. Das Filmchen zeigt das Leichenschauhaus in Sues. Darunter steht: »Ein Krankenpfleger telefoniert und schwört, dass keiner im Demonstrationszug geschossen habe. Dennoch zeigt das Video ein Opfer, einen Toten oder – wie die Ägypter sagen – einen

Märtyrer namens Mustafa Ragab. Ich veröffentliche den Film, damit auch dem Letzten klar wird, wie verlogen und schlimm ein Staat ist, in dem hilflose Menschen getötet werden. Versucht euch einmal vorzustellen, der tote junge Mann wäre euer Bruder oder Sohn! Was könntet ihr dann noch tun, ausser Hilfe bei Gott zu suchen?«

Die Stadt Sues am südlichen Ende des Sueskanals war von Anfang an stark in die Aufstände involviert. Am 31. Januar, kurz nach Ausbruch der Unruhen, machte ich mich dorthin auf den Weg. Mein Fahrer, Âdil, warnte mich, die Ausgangssperre beginne bereits um fünfzehn Uhr. Die Zeit war knapp, also fuhren wir am frühen Morgen los und waren kurz nach zehn in Sues.

Âdil kennt durch seinen Militärdienst überall ehemalige Soldaten, so auch in Sues: Achmad Gharîb begleitete uns, dank seiner Ortskenntnis sparten wir viel Zeit. Ich bat ihn, uns zunächst ins Zentrum zu fahren. Am zentral gelegenen Arbaînplatz* angekommen, traute ich meinen Augen kaum: Obwohl ganz Ägypten von Verfall und Vernachlässigung gezeichnet ist, hatte ich nie zuvor ein Stadtzentrum in einem derart jämmerlichen Zustand vorgefunden. Geplatzte Rohre hatten den ganzen Platz überschwemmt, die Geschäfte sahen verwahrlost aus. Die Hauptpolizeiwache war teilweise zerstört, sie war am 26. Januar von Demonstranten in Brand gesteckt und dann gestürmt worden – den Menschen in Sues war sie immer der Inbegriff ihrer Unterdrückung und Benachteiligung gewesen.

Die Ruine war erstaunlich voll. Ich sprach eine ältere

* *arbaîn* = vierzig.

Frau an. »Wir haben sie letzten Mittwoch angegriffen«, sagte Muna Muntassir. Sie sei dabei gewesen, als sich eine Gruppe aus der rund 5000 Personen starken Demonstration gelöst, die Wache attackiert und angesteckt habe. Danach wurde die Ruine zur Sehenswürdigkeit. Tagsüber, bis zum Beginn der Ausgangssperre*, wurde sie nun von den Einwohnern besichtigt. Aus ihrer Wut machten sie bei meinem Besuch keinen Hehl: »Erst schlugen wir die Polizisten in die Flucht, dann liessen wir die Gefangenen frei, und schliesslich zündeten wir das Gebäude an«, riefen die Besucher durcheinander, während sie über herausgebrochene Türen und Scherben stolperten. Das Gebäude aus dem späten neunzehnten Jahrhundert schien mir unrettbar verloren – und war doch irgendwie schön.

»Wir haben Ägypten gegen Franzosen, Engländer und mehrmals auch gegen Israel verteidigt. Für unseren Mut wurden wir dennoch nie belohnt«, erklärte mir Ibrahîm Issa, ein älterer Mann aus Sues. Husni Mubârak habe die Stadt Sues mit Miss- oder gar Verachtung gestraft – weder habe er sie gelobt noch je besucht, fuhr Issa ärgerlich fort. Nach einhelliger Meinung der Einwohner von Sues hätten sie sich bei Angriffen auf das Nilland grundsätzlich mutiger als die übrigen Ägypter gezeigt. Die Vernachlässigung der Stadt wurzele jedoch nicht nur in Mubâraks Desinteresse, sondern im früheren Gouverneur Saifaddîn Galâl. Dieser war 1996 von Mubârak ernannt worden. Wegen Galâls Passivität und Bestechlichkeit sei Sues dermassen herunter-

* Kurz nach Beginn der Proteste war über Kairo, Alexandria und Sues eine Ausgangssperre verhängt worden. Nach anfänglicher Verschärfung durch das Militär wurde sie später wieder gelockert und schliesslich im Juni 2011 aufgehoben.

gekommen und verdreckt, meinte Gharîb. Dazu komme die Arbeitslosigkeit, die hier besonders schlimm sei, ergänzte Issa.* Tatsächlich sah man in Sues auffallend viele Leute herumlungern. Vor allem aber hebe sich Sues von der wohlhabenden, hübschen Nachbarstadt Ismailîja ab, in der die Suez Canal Authority ihren Sitz habe und die Mubârak regelmässig besuche, fuhr Gharîb fort. Die Behörde kassiere nicht nur die Gebühren der Schiffe, die den Kanal passierten, sondern sei mit eigenen Schulen, Krankenhäusern und Ämtern auch eine wichtige Arbeitgeberin. Sues war in der Revolution also stark engagiert, weil es sich nicht nur gegen Mubârak, sondern auch gegen den von ihm eingesetzten und protegierten Gouverneur wehren wollte.

Als ich mich am frühen Nachmittag mit Âdil auf den Heimweg nach Kairo machte, bildeten sich im Stadtzentrum die ersten Demonstrationszüge.

al-Minja

Die Binnenwanderung nach Kairo ist ungebrochen. Viele Ägypter aus anderen Landesteilen sind in die Hauptstadt gezogen, so auch der achtundzwanzigjährige Koch Joseph Saif. Er stammt aus dem Dorf Abu Kurkâs, fünfundzwanzig Kilometer südlich von al-Minja in Oberägypten. Die Stadt liegt in einer fruchtbaren Ebene, die vor dem Bau des Assuan-Staudamms in den 1960er Jahren jeden Sommer vom Nilhochwasser überschwemmt wurde. Seitdem können

* Offiziell betrug die Arbeitslosigkeit in Ägypten unter Mubârak elf Prozent, viele schätzten sie allerdings auf zwanzig Prozent. Da es einen sehr grossen informellen Sektor gibt, sind die Definition von Arbeitslosigkeit und auch die Zahlen umstritten.

dort das ganze Jahr Getreide und Gemüse angebaut werden.

Während der Revolution rief Saif häufiger als sonst daheim an. Er wollte sich versichern, dass seine Familie noch lebt und es ihnen gutgeht. Ausserdem wollte er ja Anfang Mai heiraten, und da gab es noch viel zu organisieren. Der Alltag musste trotz der Revolution weitergehen. Manch einer versuchte sogar beides zu verknüpfen: So gab es Paare, die sich auf dem Tachrîrplatz trauen liessen.

Saif versprach sich viel von der Revolution, auch wenn er sich nicht selbst an ihr beteiligen konnte, denn nach täglich vierzehn Stunden Arbeit war er einfach zu müde. »Wie alle Ägypter hasste ich Mubârak und wollte, dass er geht. Das ist nun passiert, und ich freue mich darüber«, sagte Saif. Er wünsche sich Demokratie, die er als Freiheit wie »die draussen in den europäischen Ländern« definiere. Ausserdem wolle er ein würdigeres Leben, für das ein gewisser materieller Wohlstand Voraussetzung sei. Da er heiraten wolle, sei er auf Wohnungssuche, und um die Miete bezahlen zu können, müsse er genug Geld verdienen: »Nein, reich will ich nicht werden, aber auch nicht die ganze Zeit sparen und jedes Pfund zweimal umdrehen müssen, so wie jetzt.« Vielleicht bewirke die Revolution auch, dass die enorme Schere zwischen Arm und Reich im Land kleiner werde, meinte Saif hoffnungsvoll. »Ich weiss, dass das ein Traum ist, aber er kann verwirklicht werden, wenn auch nur langsam. Noch sehen wir keine Veränderungen. Es könnte aber welche geben, vor allem, wenn unser Land wieder zur Ruhe kommt. Momentan haben wir keine Stabilität, aber die könnte ja – auf positivere Weise als bisher – bald kommen.«

Übrigens: Saif, ein Christ, erzählte, dass es in Abu Kurkâs keine sektiererischen Probleme gebe. Kopten und Muslime würden sich dort respektieren. Die eigentlichen Aussenseiter seien Lügner, Diebe und Betrüger, ganz egal, welcher Religionsgemeinschaft sie angehörten. Eigentlich hätten solche Leute gar keinen Glauben, gab sich Saif überzeugt. Es ist natürlich möglich, dass er sein Dorf idealisierte. Es kann aber auch gut sein, dass es wirklich so war.

Wo die Revolution nie angekommen ist

Anfang April fuhr ich nach Kaljûb, einer Kleinstadt nördlich von Kairo, wo das Nildelta beginnt. Ich wollte den Meldungen über Angriffe von Salafisten auf Heiligengräber, sogenannte *makamât,* nachgehen. In Kaljûb bekam ich den Eindruck, dass die Revolution an Orten wie diesem, ausserhalb der Grossstädte, nie angekommen war.

Vor Jahrhunderten wurden in Kaljûb einige Prediger besonders verehrt. Als sie starben, wurden sie deshalb in den Moscheen begraben und zu Heiligen erklärt. Den heutigen extrem konservativen Salafisten sind sie ein Dorn im Auge, sehen sie doch durch die Heiligen ihren Monotheismus bedroht. Haben sie deshalb die *makamât* attackiert (was sie gleichwohl bestreiten)?

Nachdem ich einige Moscheen mit ihren *makamât* besucht hatte, setzte ich mich in ein Café. Plötzlich stürmte ein Mann auf mich zu und schrie, ich würde Zwietracht in Kaljûb säen! Im Nu versammelten sich zahlreiche Menschen um mich. Ein vierschrötiger Kerl drängte sich durch die Masse, setzte sich – ohne um Erlaubnis zu bitten – neben mich und verlangte meinen Presseausweis. Ich wollte die Situation nicht eskalieren lassen, gab ihm also den Ausweis und gratulierte auch zur Revolution. Darüber war er jedoch alles andere als erfreut. Mir kam sofort der Verdacht, dass er Sicherheitspolizist und somit als Anhänger Mubâraks ein Gegner der Revolution war – umso mehr, als er brüllte, er wolle mich töten. Den Menschen war anzusehen, dass sie Angst vor ihm hatten. In Kaljûb fühlte es sich an, als hätte nie eine Revolution gegen Mubârak, gegen die gewalttätige Polizei und den Geheimdienst stattgefunden.

Dann verhaftete mich der »Oberst«, wie er sich nannte, und brachte mich zur Wache. Davor sassen Polizisten und Geheimdienstler sowie Soldaten, ihre »offiziellen« Gegner während der Revolution, friedlich beisammen. Von Feindschaft kein Spur. Nach einer guten Weile gab mir der »Oberst« meinen Presseausweis zurück und behauptete, er habe mir nur Angst machen wollen. In Tat und Wahrheit war er wohl von höherer Stelle unter Druck gesetzt worden, immerhin besitze ich eine von den ägyptischen Behörden ausgestellte Pressekarte. Um sein Gesicht nicht ganz zu verlieren, kontrollierte er noch die Papiere des Taxifahrers, mit dem ich gekommen war und auch wieder zurückfahren wollte. Er zeigte sie widerspruchslos, denn in Ägypten ist man es seit vielen Jahren gewohnt, einem »Offiziellen« zu gehorchen. Das hat sich auch mit der Revolution nicht geändert. Ich hatte mich unterdessen schon in den Wagen gesetzt und machte mich darauf gefasst, einschreiten zu müssen, sollte der »Oberst« meinen Chauffeur festhalten oder gar verhaften wollen. Doch nichts dergleichen geschah, und nach etwa zehn Minuten konnten wir abfahren.

War Kaljûb eine Ausnahme, oder herrschte, wie vor der Revolution, noch immer in vielen kleineren Orten ein Klima der Angst gegenüber der Polizei und den Mächtigen?

Alexandria

Der zweiundvierzigjährige Hischâm Saîd hatte lange in Europa, in Schwarzafrika und den USA gelebt, bevor der studierte Manager 2008 beschloss, in seine Heimatstadt Alexandria zurückzukehren. Im Ausland hatte er sich aktiv gegen das Mubârak-Regime engagiert. »Ich wollte heimkehren, um zu helfen, Ägypten zu revolutionieren«, sagte Saîd. Sein wichtigster Beweggrund sei das mangelhafte Rechtssystem gewesen. Zwar gebe es viele Gesetze, doch würden die meisten nicht angewandt, meinte er. Saîd träumte von einem Rechtsstaat, und den wollte er in Ägypten einführen.

Seit Dezember 2010 hatten sich immer mehr regimekritische Stimmen auf *Facebook* vernetzt. Aktivisten hätten den 25. Januar* für eine Grossdemonstration gewählt, um den Polizisten das Leben schwerzumachen, berichtete Saîd. Noch war die Revolution in Ägypten nicht wirklich ausgebrochen, da sei am Abend des 25. Januar ein Vorfall in Sues zum Hauptgesprächsthema in Alexandria geworden: Ein Polizist hatte einem Demonstranten mit dem Stiefel ins Gesicht getreten; ein Journalist filmte die Szene. Vielen Alexandrinern habe das Video als Beweis für die Brutalität

* Eigentlich sollte am 25. Januar der offizielle »Tag der Polizei« begangen werden. Da die Sicherheitskräfte in Ägypten extrem verhasst waren, war es geradezu zynisch von Mubârak, diesen Tag zum Feiertag zu erklären.

der Sicherheitskräfte und die Verachtung des Regimes für die Opposition gegolten.

Daraufhin beschlossen sie, mit ihren Protesten fortzufahren. Vor allem am 28. Januar wurde demonstriert, dem Tag, an dem in ganz Ägypten der eigentliche Startschuss zum Volksaufstand gegeben wurde. Hischâm Saîd hatte am Abend zuvor alle seine Freunde angerufen, um sicherzugehen, dass sie auch zur geplanten Demonstration kommen würden. Noch war auch die Polizei auf den Strassen präsent, und so wurden gezielt Tipps gegeben und Verhaltensregeln aufgestellt: So wurde zum Beispiel geraten, Stiefel anzuziehen, damit man bei einem etwaigen Angriff zurücktreten könnte.

Am Morgen des 28. Januar wurde die gesamte elektronische Kommunikation unterbrochen, doch war diese Abwehrmassnahme des Regimes nicht nur dumm, sondern kam auch zu spät. Längst hatte man sich in Alexandria nämlich zum Freitagsgebet bei einem bekannten Gotteshaus im Stadtzentrum, der Kaid-Ibrahîm-Moschee, verabredet. »Dann kam die Polizei. Zuerst griff sie die Frauen grob an, die wie wir Männer auf der Strasse,* aber hinter uns beteten. Die Polizisten traten uns,** aber wir standen auf und liefen entschlossen los. Weil sie sich so brutal benahmen, taten wir es ihnen gleich und zündeten ihre Wagen an. Ja, der 28. Januar war ein schlimmer, gewalttätiger Tag«, erinnerte sich Saîd.

In Alexandria gibt es keinen für Demonstrationen geeigneten grossen Platz wie den Tachrîrplatz in Kairo. Deshalb

* Die Moschee war zu diesem Zeitpunkt bereits überfüllt.

** Die Betenden hatten, wie es im Islam üblich ist, zuvor die Schuhe ausgezogen.

fand man sich vor den Grossdemonstrationen zunächst vor verschiedenen Gotteshäusern ein, von wo aus sich kleinere Züge in Bewegung setzten, die dann entweder im Osten der Stadt am Bahnhof Sidi Gâbir oder im Westen am Hauptbahnhof zusammentrafen. Von dort marschierten dann die Hauptdemonstrationszüge los.

Die langen Märsche waren wohl der Hauptunterschied zum Aufstand in Kairo, wo sich praktisch alle Proteste an einem Ort, ebendem Tachrîrplatz, abspielten. Alexandria ist zum einen nicht so gross wie die Hauptstadt, zum anderen, meinte Hischâm Saîd, liege Laufen den Alexandrinern auch mehr im Blut. Auch errichteten die Demonstranten keine Zelte, da sie nicht über Nacht auf den Strassen blieben. Hingegen beteiligten sich junge Muslimbrüder in Alexandria weitaus mehr am Volksaufstand als in Kairo. Das mag daran liegen, dass sie in der Hafenstadt mehr Macht besassen. »Die Muslimbrüder machten von sich aus mit – nicht wie in Kairo, wo sie sich erst rührten, als die Demonstranten auf dem Tachrîrplatz von Reitern auf Kamelen und Pferden angegriffen wurden«, erklärte Saîd. Seiner Meinung nach fühlten die Muslimbrüder in Alexandria sich nachgerade verpflichtet, sich an der Revolution zu beteiligen. Diese Sicht gefällt mir. Säkulare Ägypter waren nämlich erstaunt, dass die Muslimbrüder, die sonst so lautstark gegen das Regime argumentiert hatten, in Kairo still und passiv blieben, als der lang ersehnte Aufstand endlich losbrach. Ich interpretiere ihr Desinteresse als Angst: Die Muslimbrüder hatten ihre Legitimation nämlich von der Mubârak-Diktatur bezogen, die sie als einzige Opposition erscheinen liess. Vielleicht kam ihnen die Revolution sogar ungelegen, denn sie drohte ihre Existenzberechtigung überflüssig zu machen und somit auch ihre Macht zu beenden. Und davor fürchteten sie sich.

Saîd berichtete, dass die Aktivisten am Tag von Mubâraks Rücktritt beschlossen hätten, einen Marsch zum Ras-al-Tin-Palast* zu organisieren. Dort lägen wichtige Schiffe der ägyptischen Flotte, weswegen die Demonstration in Alexandria für das Militär zu einer echten Herausforderung geworden sei. »Vermutlich hat die Armee an jenem Tag Mubârak einfach befohlen abzutreten – mit der Begründung, er sei unhaltbar geworden«, meinte Saîd. Das ist wahrscheinlich. Ausserdem habe das Militär Angst vor der schieren Masse der Alexandriner Demonstranten gehabt; sie hatten nämlich gedroht, nicht nur zum Palast zu marschieren, sondern diesen auch zu stürmen.

* Ein ehemaliger königlicher Palast am Strand, unweit des Stadtzentrums, der einer der Amtssitze des Präsidenten war und von Mubârak gern genutzt wurde.

Kristina Bergmann

Die Jugendbewegung 6. April

Junge Leute waren es, die die Revolution anstiessen. Geradezu absurd schien es ihnen, dass sie – gut ausgebildet und mehrsprachig – in der Diktatur Mubâraks leben sollten, wussten sie durch Reisen, Bücher und das Internet doch längst, was Demokratie, moderne Lebensart und gute Regierungsführung waren. Doch im völlig veraltet regierten Ägypten hatten sie keine Chance. Hier wurden ältere, regimetreue Leute protegiert. Fortschrittlich denkende Junge hatten keine Lobby. Diese hatten sich seit langem bestens vorbereitet: Für ihre Aufrufe zu den Demonstrationen bedienten sie sich moderner Kommunikationsplattformen wie *Facebook* und *Twitter*. Zwar stiessen später die Massen dazu, die für ein Gelingen der Revolution natürlich notwendig waren, doch ohne den Impuls der jungen Generation hätten sie sich gar nicht erst auf die Strasse gewagt. Allerdings hatten die Initiatoren kaum mit dem weitverbreiteten, religiös gefärbten Konservatismus der ägyptischen Bevölkerung gerechnet. Er droht die Revolution nun zu Fall zu bringen!

Es war die Jugendbewegung 6. April, die bei der Revolution in Ägypten eine entscheidende Rolle spielen sollte. Sie hatte sich die serbische Oppositionsbewegung *Otpor!* zum Vorbild genommen und setzte sich zum Ziel, den Aufstand gegen Slobodan Milošević zu imitieren. Im Sommer 2010 schickte die Gruppe zwei ihrer Mitglieder nach Belgrad zu Srđja Popović, einem Mitbegründer von *Otpor!*, um von seinen Erfahrungen zu profitieren. Immerhin war es *Otpor!* im Jahre 2000 gelungen, friedlich zu revoltieren. Und die Mentalitäten der serbischen und der ägyptischen Revolutionäre seien sich ähnlich, meint man in der Gruppe. Muhammad Âdil, der nach Serbien reiste, brachte ausser neuen Erkenntnissen auch ein Paket mit Stickern und Plakaten mit. Zwar hatte sich in Belgrad die Verständigung als nicht einfach erwiesen, da beide Seiten nur auf Englisch miteinander kommunizieren konnten, doch die wichtigsten Inhalte kamen bei den Ägyptern an und nutzten ihrer Revolution. Âdil klebte Sticker mit der berühmten *Otpor!*-Faust an die Innenwände der Kairoer Metro. Pendler wurden aufgerufen, sich an den geplanten Aufständen zu beteiligen. Die Jugendbewegung 6. April hatte zuvor schon eine Menge Demonstrationen organisiert, aber es war ihr nie gelungen, die Massen zu mobilisieren. Doch das Geheimnis des Erfolgs liegt gerade in der Beteiligung grosser Menschenmengen – auch das hatte Âdil in Belgrad gelernt. Die Ägypterinnen und Ägypter waren bis anhin aus Angst daheimgeblieben und mussten nun also irgendwie auf die Strasse gebracht werden.

Âdil und seine Mitstreiter hatten einige Ideen, um die Leute zu motivieren. Er und Achmad Mâhir, ein anderer Aktivist, setzten auf die direkte Ansprache: Sie legten ihre Hände trichterförmig um den Mund und riefen, während sie an den Wohnblocks vorbeizogen: »Kommt runter, macht mit, die Revolution ist ausgebrochen! Habt keine Angst!« Sie waren überzeugt, dass die Menschen der Aufforderung nachkommen würden, besonders der letzte Satz war wohl entscheidend. Denn die Zeit für die Revolution war in Ägypten gekommen.

Âdil hatte von Popović gelernt, dass man sich zuerst von der Angst befreien müsse, die in jeder Diktatur verbreitet wird. Nur wenn man sie überwinden könne, kämen die Leute und machten aus einer kleinen Revolte einen Volksaufstand. Danach würde sich das Verhältnis umkehren und der Herrscher bekomme Angst vor den Menschen, vor den Massen. Mit dieser Erkenntnis sei die Revolution schon halb gewonnen. Ausserdem war den Aktivisten von Anfang an bewusst, dass der Aufstand gewaltlos bleiben musste. Das entsprach auch der ägyptischen Mentalität – tatsächlich sind die Ägypter sanfter und sentimentaler als andere Araber. Nicht von ungefähr wurde Mubârak nach seinem Sturz nicht aus dem Land gejagt …

Kurz nach Beginn der Revolte wurde Âdil bei einer Demonstration festgenommen. Im Gefängnis nutzte er sein Know-how aus Belgrad: »Ruhig und friedlich auszuharren, lautete die Devise, die ich dort gelernt hatte, und das tat ich«, sagt er in einem Film über die Jugendbewegung 6. April. Doch als er die Empfehlung befolgte, Mithäftlingen Mut zu machen, wurde er von den Wachhabenden verprügelt. Sie ahnten vermutlich, dass sie in diesem Aufstand verlieren würden.

Kristina Bergmann

Die Revolution gehört auch den Frauen

Natürlich beteiligten sich an den Protesten in Ägypten auch Frauen. Viele demonstrierten von Anfang an; laut verschiedenen Angaben stieg ihr Anteil mit der Zeit von zwanzig auf vierzig Prozent. Allerdings blieben sie immer in der Minderheit. Der Hauptgrund dafür war, dass nach Ansicht vieler Ägypter und Ägypterinnen die Frauen nach Hause gehören. Besonders sichtbar wurde diese reaktionäre Einstellung in der nur wenige Meter vom Tachrîrplatz entfernten Parlamentsstrasse. Am Mittwoch vor dem Fall Mubâraks versammelten sich dort Arbeiter aus den Deltastädten Mahalla al-Kubra, Tanta und Mansûra. Sie waren nach Kairo gekommen, um sich dem Volksaufstand anzuschliessen. Frauen waren nicht unter ihnen: Protestieren und Streiken sei Männersache, erklärten die Arbeiter mit stolzgeschwellter Brust.

Auf dem Tachrîrplatz hatten sich die Ägypterinnen hingegen längst ihren Raum erobert – in der Grossstadt Kairo ist die Emanzipation eben weiter fortgeschritten. Auf dem Platz protestierten nicht nur Künstlerinnen, sondern auch Frauen aus der Mittelschicht, die normalerweise nur zum Einkaufen auf die Strasse gehen.

Mancher Beobachter musste einräumen, dass der achtzehn Tage währende Aufstand ohne die Beteiligung der Frauen erfolglos in sich zusammengebrochen wäre. Frauen hätten offenbar nicht nur hehre Ziele verfolgt, erklärten sie, sondern hätten ganz pragmatisch auch an die Erfordernisse des Alltags, wie Nahrung, Decken und Zelte, gedacht. Was sie selbst brauchten, brachten die Demonstrantinnen grundsätzlich mit; oft hatten sie zusätzliche Dinge, Hilfs- und Lebensmittel dabei, die sie nicht benötigten und grosszügig weitergaben.

Einer der Organisatoren sagte mir, an freiwilligen Helferinnen habe es nie gemangelt, an Helfern hingegen schon. Jeden Morgen wurde über Mikrofon ausgerufen, wie viele Freiwillige es brauche, um Abfall einzusammeln, den Platz zu fegen oder die Teilnehmer an den Zugängen zu kontrollieren. Hâla Kusi, eine fünfunddreissigjährige Demonstrantin, berichtete, dass sie jeden Tag mitgeholfen habe: Müll beseitigt, Besucherinnen abgetastet oder Essen verteilt. In einem der improvisierten Lazarette erzählte mir die Medizinstudentin Amîna Zuhr, dass sie zwar Verletzte nicht verarztet, aber einfache medizinische Hilfsdienste geleistet habe – vor allem Anfang Februar, als es blutige Zusammenstösse zwischen Mubârak-Gegnern und -Anhängern gab und ununterbrochen Verletzte gebracht worden seien.

Zwei junge Besucherinnen auf dem Tachrîrplatz berichteten, sie seien von ihren Freundinnen zuvor gewarnt worden, dass sie hier angemacht würden. »Das ist einfach nicht wahr«, sagten sie empört, »hier herrscht eine andere Atmosphäre als sonst in den Strassen Kairos. Alle Männer gehen respektvoll mit uns um, keiner fasst uns an, macht unanständige Gesten oder flüstert uns abgeschmackte Dinge ins Ohr.« Angesichts der dichtgedrängten Menschenmenge war die Stimmung auf dem Platz tatsächlich fröhlich, der Umgang miteinander höflich und anständig. Möglicherweise macht nun auch die Alltagsemanzipation in Ägypten einen gewaltigen Satz nach vorn.

»Ich wünsche mir, dass es überall in Ägypten so friedlich und gesittet zugehen würde wie bei dem Aufstand«, meinte Amal Dustûr. Sie trug den Nikâb, den Gesichtsschleier, der sich in den vergangenen Jahren in Ägypten mehr und mehr verbreitet hat. Während praktisch alle Musliminnen einen Hidschâb tragen, ist der Nikâb noch immer die Ausnahme und stösst bei vielen Ägyptern auf Ablehnung. Auf dem Tachrîrplatz war der Nikâb hingegen überdurchschnittlich oft zu sehen. Einige Berichterstatter behaupteten deshalb, Islamisten hätten die Revolte an sich gerissen. Doch das stimmte nicht, und der Grund war ein ganz anderer. »Wir fühlten uns damit sicher, wurden nicht schräg angesehen oder beleidigt«, erklärte eine Frau. Kusi bestätigte, dass die ungeschriebenen Regeln der Demonstrationen nicht nur Ordnung, sondern auch Toleranz forderten. »Jeder sollte kommen dürfen, wie er will«, meinte sie. »Natürlich hatten wir unterschiedliche Ansichten, doch unser aller Wunsch, Mubârak zu verjagen, hielt uns zusammen.«

Dieser Beitrag erschien zuvor in einer kürzeren Fassung in der österreichischen Zeitschrift Südwind.

Imân Kurrani

Zwischen Freude und Angst

Zuerst wusste ich gar nicht, was das Wort »Revolution« bedeutet. Als ich endlich begriff, was damit gemeint ist, nämlich gegen Unterdrückung und Ausbeutung zu sein, freute ich mich wahnsinnig. Genau das will ich nämlich seit langem. Ich verstehe zwar nichts von Politik, aber wir Analphabeten aus Oberägypten fühlen uns immer als diejenigen, die ganz unten in der Gesellschaft sind, und wollen gegen unsere Unterdrückung protestieren.

Meine Freude hielt aber nicht lange an, denn ich hörte, dass die Gefängnisse attackiert worden und Diebe ausgebrochen waren. Als wir in Helwân*, wo ich wohne, davon erfuhren, bekamen wir es mit der Angst zu tun. Jeden Morgen, wenn ich zur Arbeit ging, hatte ich wahnsinnig Bammel. Vor allem fürchtete ich um das Leben meiner Kinder. Die waren zwar auch sonst oft allein zu Hause gewesen, weil ich ja arbeiten muss, aber bis dahin hatte es immer geheissen, Ägypten sei sicher. Ich liess meine Kinder – das älteste ist dreizehn, das jüngste knapp drei Jahre alt – bei ihrem Vater, einem Tagelöhner, der gerade nicht arbeitete.

Nach der Arbeit versuchte ich jeden Tag, so schnell wie möglich wieder heimzukommen. Ausserdem herrschte in ganz Ägypten ja Ausgangssperre, und da fuhr auch keine Metro und kein Minibus mehr. An manchen Tagen begann die Sperre bereits um drei Uhr nachmittags!

Als ich einmal morgens die Metro bestieg, war sie fast leer. Nur drei Frauen waren noch im Wagen, denen man

* Südlicher Vorort von Kairo. *(KB)*

ihre Furcht und ihre Mutlosigkeit ansehen konnte. Da bekam ich dann gleich doppelt Angst!

Nach dem 28. Januar hörte ich viele Geschichten über Plünderungen. Ich habe aber nichts davon bemerkt, also waren es wohl bloss Gerüchte. Ob Einbrüche und Überfälle wirklich passiert sind, weiss ich nicht. Vielleicht haben die Leute auch wie so oft übertrieben.

Aufgezeichnet von Kristina Bergmann

Marwa Imâd

Die Revolution im Fernsehen

Ich hatte schon vor dem 25. Januar gehört, dass es an dem Tag eine Grossdemonstration geben soll. Bekannte und Nachbarn hatten mich gewarnt und mir gesagt, ich dürfe an dem Tag ja nicht nach draussen gehen. Auch von den Protesten vor dem Parlament* hatte ich zuvor schon gehört, mich aber weder um das eine noch das andere gekümmert. Ich hatte erwartet, dass am 25. Januar sowieso bloss wieder eine der üblichen Demonstrationen mit ein paar Teilnehmern stattfinden würde, und war überzeugt, dass die Proteste wie immer im Sande verliefen.

Doch dann staunte ich, wie viele Leute zur Kundgebung gingen. Ich selbst blieb zu Hause und schaute mir den Aufmarsch im Fernsehen an. Übrigens war einer der Toten – wir nennen sie Märtyrer – ein Nachbar von uns (ich lebe mit meiner Mutter und drei Geschwistern zusammen; mein Vater ist tot).

Vor der Revolution dachte ich, dass die jungen Leute in Ägypten sich nur darum kümmerten, ob sie einen Job, Geld und ein gutes Leben hätten. Ehrlich gesagt hatte ich nicht erwartet, dass sie sich dermassen intensiv für Mubâraks Abgang engagierten. Vorher hatte unter den Jugendlichen die Ansicht vorgeherrscht: Was hat mir dieses Land denn gegeben, dass ich mich revanchieren müsste? Natürlich wurde in Ägypten schon immer die Vaterlandsliebe gepredigt, und wir wurden auch sehr nationalistisch erzogen. In der Schule

* 2010 demonstrierten dort Arbeiter aus den Deltastädten wochenlang und übernachteten auch vor dem Parlamentsgebäude. *(KB)*

mussten wir uns jeden Morgen in Reih und Glied auf dem Pausenplatz aufstellen und die Nationalhymne singen.

Doch plötzlich wollten nun alle, auch Leute aus Schubrâ al-Chaima* und ältere Menschen, mitmachen und dabei sein. Das änderte sich allerdings nach dem 28. Januar, als Häftlinge befreit worden oder ausgebrochen waren. Sie, aber auch die Polizisten (die wir Ägypter verabscheuen) legten Feuer und töteten viele Revolutionäre. Ich konnte das beobachten. Richtig mit der Angst bekam ich es zu tun, als ich hörte, dass »sie« (wer genau, weiss ich nicht) eine Polizeiwache ganz in der Nähe unserer Wohnung angezündet hätten. Nun hiess es in Schubrâ und in ganz Kairo, dass Räuber die Strassen bevölkerten. Im staatlichen Fernsehen forderte die Armee die Bürger auf, ihre Häuser selbst zu bewachen. Also bewaffneten sich die Männer mit dem, was sie gerade fanden, sogar Küchenmessern und Stöcken, und gingen auf die Strasse. (Frauen natürlich nicht, das schickt sich nicht für uns.) Auch mein Bruder und die Nachbarsjungen zogen jeden Abend los, um uns Frauen, die Kinder und die Wohnungen zu beschützen. Manche trugen sogar Schwerter – woher sie die hatten, weiss ich nicht –, andere bewaffneten sich mit Taschenmessern und Beilen. Sie hielten jedes vorbeikommende Auto an und überprüften es. Kam jemand zu Fuss, den sie nicht kannten, pfiffen sie, um sich gegenseitig auf ihn aufmerksam zu machen. Dann durchsuchten sie diese Person und kontrollierten den Ausweis. Kaum ertönte ein Pfiff, zitterten wir Frauen oben in den Wohnungen und bangten. Ich ass in dieser Zeit nichts und nahm viel ab.

* Eine Stadt in der Agglomeration Kairo, nördlich des Stadtzentrums gelegen. Schubrâ al-Chaima gilt als ärmlich und konservativ.

Damals schrieb ich auch eine Kurzgeschichte über eine kleine Begebenheit, die ich beobachtet hatte: Einmal hörten wir eine Schiesserei. Sofort schrien alle Mütter auf und rannten auf die Strasse, um ihre Jungs zu retten. Dabei waren die ja eigentlich dort, um *uns* vor Gewalt zu beschützen! Aber die Mütter fürchteten um das Leben ihrer Söhne. Schliesslich sahen wir, dass die Bürgerwehren selbst die Schiesserei ausgelöst hatten. Die Kerle schossen einfach in die Luft – vermutlich aus lauter Lebensfreude oder vielleicht auch aus Langeweile. Im Fernsehen wurde eine Telefonnummer veröffentlicht, die man anrufen sollte, wenn etwas passierte. Als hier die Schiesserei losging, wählte ich unzählige Male die Nummer. Endlich nahm jemand ab und sagte: »Geben Sie mir die Adresse, und in spätestens fünf Minuten sind wir da.« Bis heute ist niemand erschienen!

Der Einzige, der in dieser Zeit überhaupt auf die Strasse durfte, war mein Bruder. Er musste auch einkaufen gehen, aber Händler nutzten die Situation schamlos aus und verteuerten ihre Waren enorm. Ich sass die ganze Zeit vor dem Fernseher und hoffte, die jungen Leute auf dem Tachrîrplatz würden endlich nach Hause gehen. Aber ganz im Gegenteil: Sie wurden immer eigensinniger und entschlossener und sagten, sie würden ausharren, bis Mubârak geht. Viele Leute in meiner Umgebung behaupteten, bald würde es kein Essen und kein Wasser mehr geben und wir müssten uns dann gegenseitig auffressen! Auch hatten sie Angst, dass die Jugendlichen, die unten Wache hielten, sich aus Spass oder purer Dummheit mit ihren Waffen gegenseitig verletzen könnten. Wir hofften, dass die Sache glimpflich zu Ende gehen würde. Aber alles wurde immer schlimmer! Die Kontrollen wurden schärfer, die Jugendlichen auf dem Tachrîrplatz entschiedener. Im Fernsehen hiess es, dass Israel seine Soldaten an der Grenze zusammenziehen und sie auf einen Angriff vorbereiten würde und die USA ihre Schiffe im Mittelmeer vor Port Saîd sammelten. Viele Ägypter wollten den jungen Leuten auf dem Tachrîrplatz sagen, dass sie doch bitte nach Hause gehen sollen. Aber die wussten es besser, viel besser als wir anderen! Sie ahnten, dass ihre Revolution dann sofort in sich zusammenbrechen würde.

Als dann Mubârak abdankte, freuten sich alle Ägypter wahnsinnig! Die Frauen bei uns gingen auf ihre Balkone und stiessen Jubeltriller aus, die Männer feierten auf der Strasse. Alle wollten nun zum Tachrîrplatz gehen, um die Jugendlichen, auf die sie erst so wütend gewesen waren, zu küssen und zu beglückwünschen. Jeder war plötzlich stolz, Ägypter zu sein – ohne wirklich zu verstehen, warum.

Ich freute mich vor allem darüber, dass nun die ganze Welt über uns sprach. Aber ich schämte mich, weil ich an dieser Revolution nicht teilgenommen hatte.

Hânia Schulkâmi*

Die Rolle der Frauen

Frauen stehen heute nicht mehr so wie während der Revolution in vorderster Front. Ich will es aus der Innenperspektive erläutern, die sich natürlich vom Blickwinkel unterscheidet, den Beobachter von aussen haben. Es besteht ein deutlicher Zusammenhang zwischen dem Geschlecht und der Revolution. Was passiert eigentlich während einer Revolution? Zunächst gibt es eine erfolgreiche Phase, während deren alte Strukturen zerstört werden, danach eine Art Frieden und schliesslich eine neue Phase. Die erste spielte sich bei uns auf dem Tachrîrplatz ab: Mubârak musste gehen, das Regime wurde zerstört, die Leute waren zufrieden, doch heute stellt sich die Frage, welchen Platz die Frauen in der neuen Gesellschaft einnehmen werden.

Frauen waren immer ein weiches Ziel, und wer für ihre Rechte kämpfte, wurde extrem angegriffen. Deshalb bemühten sich auch die Feministinnen immer, gängige Regeln zu beachten und gewisse Linien nicht zu überschreiten. Lange vor der Revolution hatte es in Ägypten schon Aktivistinnen gegeben, doch wurden alle in den National Council for Women (NCW)** integriert. Das Ausland stand dem NCW wohlwollend gegenüber, es gab sogar Wahlen.

* Hânia Schulkâmi ist Feministin. Wie bei fast allen Feministinnen in Ägypten gilt auch bei ihr: Die Religion ist für sie eine rote Linie, die nie überschritten wird. Und diese wird am Nil von Muslimen und Christen sehr konservativ ausgelegt. *(KB)*

** Staatliche Frauenorganisation unter dem Vorsitz von Suzanne Mubârak, der Gattin des früheren Staatspräsidenten, die sich in zahlreiche Angelegenheiten, vor allem in die Kultur und in Frauenfragen, einmischte. Der NCW war in einer sehr moderaten Weise feministisch. *(KB)*

Er zeigte sozusagen die Sonnenseite des unsäglichen Regimes auf. Der NCW befasste sich zum Beispiel mit der Ermöglichung einer Scheidung, die früher für Frauen sehr schwierig gewesen war, und ebenso mit dem Besuchs- und Umgangsrecht für Geschiedene.* Die Chula, eine islamkonforme Möglichkeit für Frauen, sich unkompliziert scheiden zu lassen, geht auf Suzanne Mubârak zurück. Auf konservativer und männlicher Seite traf diese Idee auf harten Widerstand, dabei war sie gut. Schliesslich wurde die Chula gesetzlich verankert, und es gibt sie bis heute.

Es stellt sich also die Frage, wo die Frauen heute, nach der Revolution, stehen. Bei allen Protesten spielten Frauen eine grosse Rolle. Das gilt nicht nur für die Revolution auf dem Tachrîrplatz, sondern auch die Streiks, die bereits vorher stattgefunden hatten: In grosser Zahl hatten sie sich an jenen in der Tabak- und der Textilindustrie beteiligt. Das brachte ihnen zwar mehr Beachtung, doch in ihren Augen noch immer zu wenig. Allerdings wollen Frauen hierzulande auch nicht unbedingt einen Feminismus nach westlichem Muster, der nach Ansicht vieler Araberinnen und Araber zu einer nicht akzeptablen freien Sexualität und zur Prostitution führen würde. Viele Frauen hier stellen sich die Frage, wie man Feminismus und Emanzipation mit dem Islam zusammenbringen könnte.

Allerdings ist in Ägypten auch vieles geschehen, was nichts mit Feminismus zu tun hat, aber gegen den Islam und seine Ethik ist. So wurden Regimegegnerinnen und

* So arbeitete der NCW ein Gesetz aus, nach dem Kinder von Geschiedenen bis zu ihrem fünfzehnten Lebensjahr bei ihrer Mutter bleiben. Vorher war das undenkbar gewesen. Dank dem Einfluss des NCW wurde das Gesetz vom Parlament verabschiedet. *(KB)*

Bloggerinnen inhaftiert, und die Armee liess diese unsäglichen Jungfräulichkeitstest durchführen. Das galt nicht als spezifisch antifeministisch, sondern vielmehr als antiislamisch!

Auf dem Tachrîrplatz schien absolute Geschlechtergleichheit zu herrschen. Immer wieder wurde betont, dass Frauen dort nicht angemacht wurden.* Im Grunde war die Revolution aber patriarchalisch.

Danach blieb die Situation nicht, wie sie war. Enttäuschung über ausbleibende greifbare positive Veränderungen machte sich breit. Viele ägyptische Männer fielen in alte Muster zurück und unterdrückten die Frauen wie vorher. Im Grunde waren sie auf die Politiker wütend, doch ihr Frust entlud sich auch auf die Frauen. Heute besteht sogar die Gefahr, dass frauenfreundliche Gesetze abgeschafft werden, nur weil sie der NCW einst initiiert hatte! Die Beschneidung weiblicher Genitalien, gegen die zahlreiche Regierungen kämpften, nicht erst die unter Mubârak und nicht erst der NCW, gilt plötzlich nicht mehr als Verbrechen, sondern als »islamisch«. Auch die Frauenquote im Parlament soll falsch sein, weil Mubârak sie eingeführt hatte. Ich aber bin dafür, weil ich für die Gleichberechtigung bin. Frauen sind doch gut – die beste Person in unserer Regierung ist eine Frau!** Gleichberechtigung können wir leider nur über ein

* Tatsächlich war die Revolution frei von diesem Übel. Das mag vor allem daran liegen, dass eine jugendliche, gebildete Klasse den Aufstand angestossen hatte, die nach völlig anderen moralischen Grundsätzen – echte Freiheit, aber auch Verantwortung – handelte. Zudem ging es um die Absetzung Mubâraks, da war für die sonst alltägliche Anmache schlicht kein Platz. *(KB)*

** Faisa Abulnaga, seit 2004 Ministerin für internationale Zusammenarbeit. *(KB)*

zahlenmässig ausgewogenes Geschlechterverhältnis erlangen.

Männer verstehen nicht, dass auch sie – zumindest aber die Ärmeren – ein weiches und somit leicht angreifbares Ziel sind. Für die Arbeiter ist wichtig, ob sie nun das Gesetz über einen Mindestlohn erhalten werden oder nicht. Hieran zeigt sich der enge Zusammenhang zwischen Feminismus und allgemeiner Freiheit. Im Grunde stecken die Männer weltweit in einer tiefen Krise, doch die Revolutionen ermöglichen es ihnen, von Siegen zu sprechen. Dabei können weder im Westen noch hier in Ägypten die alten Muster vom »Heimchen am Herd« aufrechterhalten werden. Sie sind schlicht überholt!

Heute geht es also weniger um die Frage, ob wir Feminismus wollen und, wenn ja, welchen, als vielmehr darum: Wollen die Ägypterinnen und Ägypter in ihrem neuen Land mehr oder weniger Freiheit?

Aufgezeichnet von Kristina Bergmann

Cordula Weißköppel

Junge Christen auf dem Zug der Demokratie

Als Christen und Muslime gemeinsam auf dem Tachrîrplatz Gottesdienst feierten, war dies europäischen Zeitungen sogar eine Schlagzeile auf der Titelseite wert. Dabei spielte das interreligiöse Verhältnis am Nil am Beginn der Unruhen keine grosse Rolle – primäres Ziel war der Sturz des Mubârak-Regimes. Junge Christen und Christinnen aus Alexandria* bestätigten, dass sie nicht die Ersten auf der Strasse waren. Wie viele oppositionelle Gruppierungen der ägyptischen Gesellschaft schlossen sie sich der Revolte erst an, als die achtzehn- bis dreissigjährigen *Facebook*-Aktivisten die Zeichen der Zeit erkannt und den Funken, der von der tunesischen Jasminrevolution ausgegangen war, zum Überspringen gebracht hatten. Die Erfahrung, gemeinsam für das Ende des Mubârak-Regimes zu kämpfen und sich für demokratische Grundrechte einzusetzen, war für alle überwältigend, und der Widerstand der noch amtierenden Regierung schweisste ihre Gegner nur noch mehr zusammen.

Der unter den Kopten** verbreitete Patriotismus führte dazu, dass sie sich als Teil einer nationalen Bewegung verstehen, die sich unabhängig von der Religionszugehörig-

* Dieser Beitrag beruht auf Gesprächen mit jungen Erwachsenen aus überwiegend koptisch-orthodoxen Gemeinden Alexandrias. Da auch Aussagen von Katholiken und Protestanten eingeflossen sind, spreche ich allgemeiner von Christen.

** *(q)ebti* ist im Ägyptisch-Arabischen die allgemeine Bezeichnung für Christen, bezieht sich etymologisch aber auch auf den Sachverhalt, dass das frühe Christentum um den Apostel Markus nach den pharaonischen Ägyptern die dominante Bevölkerung am Nil bildete.

keit für Freiheit und Demokratie einsetzt. Erfahrbar war das vor allem in den Nächten nach dem 28. Januar 2011, als Polizeistationen abgebrannt und deren Personal vertrieben wurden. Die Sicherheitslage wurde erst in Kairo, dann auch in Alexandria prekär, doch spontan organisierte Bürgerwehren reagierten schnell: Christliche und muslimische Männer beschützten ihre Häuser und Familien gemeinsam vor Verbrechern und Plünderern. Christen berichteten mir, wie überrascht sie waren, als für Aufrufe zur solidarischen Selbsthilfe Lautsprecher von Moscheen genutzt wurden. Gemeinsam säuberte man die Strassen vom Müll und feierte schliesslich am 11. und 12. Februar den Sturz Mubâraks. Danach verschönerten Muslime und Christen Bordsteine, Mauern und Baumstämme in den Farben der Nationalflagge Rot-Weiss-Schwarz und schmückten ihren Balkon oder die Autokonsolen mit ägyptischen Fahnen, die nun an jeder Strassenecke verkauft wurden. Auch wenn sich nicht alle beteiligten, wurde es für viele eine zentrale Erfahrung, dass sich Christen und Muslime gemeinsam organisieren und füreinander einstehen können.

Koptische Priester einer orthodoxen Gemeinde berichteten mir, dass diese Kontakte halfen, weitere Sozialprojekte zu entwickeln. Ein unbebautes Gelände wurde für ein erstes offizielles Treffen muslimischer Scheichs und christlicher Priester der Gegend genutzt, um in aller Öffentlichkeit die neu entstandenen Beziehungen zu demonstrieren. Mit der Pflege engerer Kontakte zwischen den lokalen Geistlichen verbindet sich auch die Hoffnung, interreligiöse Probleme wie Konversions- und Heiratskonflikte zukünftig dezentral regeln und befrieden zu können.

Natürlich registrierten die Christen auch die gewalttätigen Vorfälle gegen Angehörige und Einrichtungen ihrer Glaubensgemeinschaft in den Wochen nach der Revolution. Viele blieben daher skeptisch und fürchteten, dass sie abermals zum Sündenbock für Spannungen gemacht würden, die eigentlich zwischen Arm und Reich, zwischen Privilegierten und Nichtprivilegierten in der ägyptischen Gesellschaft herrschen und mit der Religionszugehörigkeit nichts zu tun haben. Die spontanen Demonstrationen in Kairo nach der Kirchenzerstörung in Sôl südlich von Helwân zeigten, dass die Christen ihr Recht auf Meinungsfreiheit nun ernsthaft wahrnahmen. Zukünftig sollte es darum gehen, eine friedvolle Demonstrationskultur und einen verantwortlichen Umgang mit demokratischen Rechten zu erlernen, meinte mir gegenüber ein koptischer Priester. Denn weder der Anschlag wegen eines verbotenen Kirchenbaus an der Pyramidenstrasse in Kairo noch das Bombenattentat auf eine Kirche in der Neujahrsnacht in Alexandria seien länger als Märtyrerschicksal zu ertragen, sondern sollten öffentlich angeprangert werden.

Seit der Revolution äussern ägyptische Christen auch vermehrt Selbstkritik: Sie selbst hätten zur Separation zwischen den Religionen beigetragen, indem sie manche sozialen und kulturellen Aktivitäten nur unter dem Dach ihrer Kirchen organisiert hätten. Offenbar wollen viele Christen die historisch entstandene Isolierung von der muslimischen Mehrheitsgesellschaft überwinden, Öffnung und Partizipation sind angesagt. Junge Christen und Christinnen sind motiviert, Parteien beizutreten und dort als verantwortungsvolle Bürger mitzuwirken – zuvor hatten sich

Christen und überhaupt die koptische Kirche aus jeglichem politischen Geschehen herausgehalten. Welche bestehenden oder neugegründeten Parteien kommen nun überhaupt in Frage?

Aufmerksam verfolgten sie Ende März 2011 die Debatten über die Verfassungsänderungen, manche Kirchen öffneten ihre Türen für Informationsveranstaltungen, und Priester motivierten die Gläubigen, am Referendum teilzunehmen. Dabei ging es ihnen eindeutig um die demokratische Bewusstseinsbildung der gesamten Bevölkerung und nicht um die politische Vereinnahmung gläubiger Christen. Viele junge Christen vertreten heute einen säkularen Standpunkt und wünschen sich auch von der Kirche, Religiöses von Politischem zu trennen.

Zurückhaltend betrachtet man daher auch die Gründung christlicher Parteien. Damit schreibe man die bisherige Politisierung religiöser Überzeugungen fort, statt diese als Privatsache zu akzeptieren, sagen sie. Die Gefahr, dass ungebildete und ökonomisch instabile Schichten politisch manipuliert werden, könne nicht gebannt werden, finden viele junge Christen. Religiöse Parteien hingegen würden die Demokratisierung der gesamten Bevölkerung behindern. Es brauche vielmehr bessere Bildungsmöglichkeiten für alle und nicht nur gutausgebildete Leute in den Mittel- und Oberschichten, zu denen sie oft selbst gehören. Es bleibt die Frage, wie man diese Aufgabe anpacken soll.

Die Ergebnisse des ersten freien Referendums vom 19. März 2011 waren für die Christen eine Enttäuschung. Von mancher Seite wurde versucht – nach dem Motto: Kopten seien dagegen, Muslime dafür –, die politische

Kontroverse um die Verfassungsänderung als religiöse Lagerbildung zu instrumentalisieren. Die Prozentzahlen des Ergebnisses – mehr als 77 Prozent stimmten mit Ja – spiegeln etwas anderes wider: Die Vermutung liegt nahe, dass die Trennlinie hier vielmehr zwischen potentiell veränderungswilligen, eher gebildeteren und konservativen, oft weniger gebildeten Gruppen verlief.

Die jungen Christen am Nil befürchten eine Vereinnahmung der ursprünglichen Revolutionsforderungen durch die überwiegend männlichen und älteren Repräsentanten des ägyptischen Staates. Obwohl diese auch Anerkennung gegenüber der jungen Generation äussern, die die längst fällige Revolution angeschoben hatte, sitzen sie doch wieder an den Hebeln der Macht. Die jungen Christen wünschen sich hingegen den Dialog mit denen, die politisch erfahren sind, und das Recht, Fehler zu machen. Oft werde geäussert, »dass Ägypten noch nicht reif für die Demokratie sei«, sagt ein junger Mann. »Aber wie soll es reifen, wenn die Demokratie nicht hier und jetzt als gemeinsamer Lernprozess begriffen wird?«

Kristina Bergmann
Die Kopten im nachrevolutionären Ägypten

Kurz nach der Revolution sprach ich mit Michaîl Anwâr, einem fünfundvierzig Jahre alten Kopten und Inhaber eines Fuhrunternehmens.

Warum sind Ägyptens Christen gläubiger als andere?
»Die Kopten sind so religiös, weil sie die Kirche und nicht der Staat verteidigt. Es bleibt ihnen also gar nichts anderes übrig, als an Gott und an die Kirche zu glauben. Doch im Grunde wäre eine Begegnung zwischen Bürgern und Staat dringend notwendig.«
Fürchten sich Kopten vor den Muslimbrüdern und deren Macht?
»Natürlich jagen die Muslimbrüder vielen Bürgern Angst ein, denn noch ist das Land erst auf dem Weg zur Demokratie. Auch jetzt gibt es in Ägypten keine Trennung von Religion und Staat, die mit den interreligiösen Machtkämpfen aufräumen würde. Religion ist hier das A und O, sie wird immer an erster Stelle genannt. Bei den Muslimbrüdern kommt es aber auch darauf an, über welche Gruppe oder welchen Flügel wir sprechen. Nicht alle sind extremistisch, manche sind durchaus gemässigt.«
Fürchten Sie persönlich eine Regierung der Muslimbrüder?
»Nein, ich selbst eigentlich nicht. Auf der ganzen Welt haben sich religiöse Regierungen auf Dauer nicht bewährt … Wo extremes religiöses Recht geschaffen wurde, wie im Sudan, in Nigeria oder dem Iran, kam es bald einmal zum innenpolitischen Konflikt. Also lässt man die Religion bei der Gesetzgebung besser aus dem Spiel. Das verstehen viele –

auch die Muslimbrüder. Ich denke, sie werden sich politisch zurückhalten.«

Die Kopten sind politisch passiv. Befürworten Sie koptische Parteien?

»Falls es eine koptische Partei gäbe, würde sie gewinnen, aber nur wenn sie säkular wäre. Jeder hier am Nil weiss schliesslich, dass Kopten toleranter als Muslime sind – das liegt an ihrer Erziehung zur Nächstenliebe. Ausserdem wird alles, was sie tun, an den Worten Jesu gemessen.«

Was können Sie über Baba Schinûda sagen?*

»Gott hat Baba Schinûda erwählt. Doch er ist nun schon lange an der Spitze. Je länger er dort ist, desto diktatorischer wird er, darin unterscheidet er sich nicht von unserem ehemaligen Präsidenten.**«

Was ist das grösste Manko der koptischen Gemeinde in Ägypten?

»Ich bedaure vor allem, dass es keine koptischen Wissenschaftler gibt, also kluge Köpfe, die auf säkulare Weise forschen.«

Wie war die Situation der Kopten unter Mubârak und später während der Revolution?

»Die Kopten behaupten, dass die Hälfte der Opfer der Revolution christlich war, doch weiss niemand, ob das wahr ist. Wenn es stimmt, wäre es viel, denn wir machen ja nicht die Hälfte der ägyptischen Bevölkerung aus.*** Unsere Lage

* Papst Schinûda III., von 1971 bis zu seinem Tod am 17. März 2012 Oberhaupt der koptischen Kirche. Bei Drucklegung dieses Buches war sein Nachfolger noch unbestimmt.

** Viele Kopten nahmen es ihrem Papst sehr übel, dass er selbst während der Revolution Husni Mubârak noch öffentlich im Fernsehen unterstützte.

*** Gemäss Schätzungen sind zehn Prozent aller Ägypter christlich, genaue Zahlen gibt es nicht.

unter Mubârak war schlecht. Tatsache ist, dass es auch unter seiner Herrschaft Christenverfolgungen und zahlreiche Benachteiligungen gab. Mubârak wollte nie, dass wir Kopten politischen oder gesellschaftlichen Einfluss haben.«

Wie stellen Sie sich eine echte Verfassungsverbesserung vor?

»Natürlich muss Artikel 2* abgeschafft werden, doch genügt das nicht. Ich wünsche mir die Aufwertung der säkularen, also beinahe aller übrigen Gesetze. Heute gibt es in Ägypten kein Gesetz, das wirklich verbindlich ist. Es gibt auch kein Gesetz, das für alle gleich ist und vor dem alle gleich sind. Gäbe es das, wäre Ägypten ein Rechtsstaat. Das wünsche ich mir, ja, ich möchte den Rechtsstaat: zum Beispiel die Abschaffung aller Personenstandsrechte, die sich jetzt noch an der Religionszugehörigkeit orientieren. Ich wünsche mir echte Gleichberechtigung: zwischen Männern und Frauen und zwischen Christen und Muslimen. In einem solchen Staat könnten sowohl Frauen als auch Christen Präsident werden. In einem solchen Staat müsste keiner Angst haben – weder vor Extremisten noch vor besonders religiösen Menschen. Denn alle wären gleich vor dem Gesetz. Das ist genau das, was uns in Ägypten fehlt: der Rechtsstaat mit seiner Gleichberechtigung zwischen den Geschlechtern und den Religionen.«

* Siehe Seite 40.

Ghada Abdelaal

Achtzehn Tage

Am 5. Dezember 2010 wartete ich in London-Heathrow auf meinen Rückflug nach Kairo. Ich versuchte mich zu beschäftigen und beobachtete die übrigen Fluggäste. Die meisten lasen oder machten irgendetwas anderes. Vor lauter Langeweile schaute ich schliesslich auf einen der grossen Bildschirme, die überall in Heathrow hängen. Es war gerade Zeit für die Nachrichten, und die BBC berichtete über die Studentenproteste in London. Die britische Regierung hatte beschlossen, die Studiengebühren an den Universitäten zu erhöhen. Darauf hatten die Studenten Grossdemonstrationen organisiert, um die Regierung zu einer Änderung ihres Beschlusses zu zwingen. Tausende gingen auf die Strasse, um für ihre Zukunft zu kämpfen, auch Eltern und Professoren waren dabei.

Ich wurde traurig und dachte: Warum können wir in Ägypten nicht das Gleiche machen? Verdienen unsere Diebe es nicht auch, dass gegen sie demonstriert wird? Die Antwort kam von einer Frau zu meiner Rechten: »Solange der Sphinx steht, werden die Ägypter nicht revoltieren. Wir sind ein Volk, dem alles egal ist; wir sind gleichgültig!« Ich wandte mich um und erblickte eine Frau Mitte fünfzig mit typisch ägyptischen Gesichtszügen. Sie sah extrem bedrückt aus. Ich schaute wieder zum Fernseher, und mir traten die Tränen in die Augen. Ich musste ihr wohl recht geben, auch ich war pessimistisch. Gleichzeitig wuchs in mir ein Gefühl des Widerstands, das die Jugendlichen in Ägypten seit langem kennen. Am Ende des Tunnels muss Licht sein! Vermutlich hatte dieses Gefühl schon am 6. April 2008 in Mahalla bei den Streiks begonnen.* Damals zeigte ein Sender einen Demonstranten, der vor laufender Kamera ein Bild von Mubârak zerriss.

Ich habe die Jugend immer als passiv beschrieben. Aber vielleicht war sie das gar nicht, oder hätte sie sonst gegen den Tod von Châlid Saîd** protestiert? Vielleicht war die Hoffnung einfach ein Zeichen Gottes, jedenfalls sahen viele Ägypter das so. Wie auch immer – bestimmt entschied Gott, dass am 17. Dezember zum allerletzten Mal Ägypter schwarzseherisch und passiv sein würden! Gemäss Gottes Wille begannen die arabischen Proteste nämlich mit dem Selbstmord Muhammad Buasîsis in Sidi Bouzid. Danach demonstrierten alle Tunesier so lange, bis ihr Präsident Ben Alî abtrat und ängstlich das Weite suchte. Es war also möglich, einen Diktator in die Flucht zu schlagen! Ich glaube, dass jeder Ägypter in diesem Moment genau das Gleiche dachte. Plötzlich sahen wir alle den Ausweg deutlich vor uns – oder hatten zumindest ein Beispiel, das wir kopieren könnten. Die Frage war, wie wir es anstellen sollten und wie das hier am Nil funktionieren könnte. Die Antwort darauf lautete immer: »Wie in Tunesien.«

Und so begann das ägyptische Volk achtzehn Tage lang die Schlagzeilen der grossen Zeitungen zu bestimmen. In denen stand nun nichts mehr von Mubârak und seinen angeblichen Gesprächen mit jungen Leuten. Ebenso we-

* Ghada Abdelaal stammt aus Mahalla al-Kubra, einer Industriestadt im Nildelta, etwa 100 Kilometer nördlich von Kairo, wo Arbeiter seit einigen Jahren regelmässig streiken. *(KB)*

** Ein achtundzwanzigjähriger Blogger, der am 6. Juni 2010 in Alexandria von Polizisten getötet wurde. *(KB)*

nig die üblichen unerquicklichen Nachrichten über einen Präsidenten, der keine Ahnung von den Träumen seines Volkes hatte. Die Zeitungen schrieben ab dem 25. Januar nach vielen Jahren endlich auch darüber, dass die jungen Ägypter nach einer eigenen Rolle und einem Platz in der Gesellschaft suchten. Bis jetzt hatten sie beides nicht und waren nur leichte Beute gewesen. Ich verfolgte die Geschehnisse und war zunächst begeistert und enthusiastisch. Die Freude drohte meinen Schädel zu sprengen, vor allem als ich die Entschlossenheit der jungen Leute auf dem Tachrîrplatz sah und wie sie der Polizei und deren Wasserwerfern standhielten. Ich hoffte, irgendwo die pessimistische Frau vom Flughafen Heathrow wiederzufinden, dann hätten wir zusammen die Courage der ägyptischen Jugend feiern können. Die widersprach ja völlig der vorherrschenden Meinung, dass die Ägypter sich *niemals* rühren und aus ihrer Lethargie erwachen würden. Jetzt könnten sie eigentlich der ganzen Welt zeigen, wie man eine ordentliche Revolution veranstaltet.

Meine Freude war zunächst grenzenlos, doch mit der Zeit liess sie etwas nach und machte anderen Gefühlen Platz. So bekam ich nachts Angst und hatte Albträume. Je öfter ich die Nachrichten verfolgte, desto mehr fürchtete ich mich vor ihnen. Ich wurde von zwei gegensätzlichen Empfindungen zerrieben: der Sehnsucht nach der Erfüllung meiner Freiheitsträume und der Intensivierung meiner Albträume. Letztere füllten sich mit grossen Sorgen in Erwartung schlimmer Neuigkeiten. Auch in unserem kleinen Flecken, in Mahalla, erfuhren wir viel vom Lauf der Dinge. So mussten auch wir lernen, dass es eigentlich nur wenige Wahlmöglichkeiten gibt, dass Morden kinderleicht ist und dass nur Diven Ruhm davontragen. Ich sah in Mahalla, dass die Sicherheitskräfte bereit sind, ein Feuer aus allem Möglichen zu entfachen, solange es sie nur wärmt. Ständig hatte ich das Schicksal des Irak oder des Libanon vor Augen. Alle meine Freunde vom Tachrîrplatz begegneten mir in meinen Träumen. Und so verwandelten die sich früher oder später immer in Albträume. Wenn einer starb, verfasste ich für ihn auf *Facebook* eine Todesanzeige und sammelte dort Beileidsbezeugungen. Auf mein Profil setzte ich zu einer schwarzen Kondolenzbinde die Bilder aller Toten.

Ich schrieb einen Artikel und dachte lange über dessen Worte nach. Ob durch ihn wohl noch mehr Menschen sterben würden? Ob dieses Komma oder jener Punkt von einem Scharfschützen kämen? Ob jemand durch den Artikel wohl zum Witwer oder zur Witwe würde? Ob Waisen zurückblieben? Mich überkam das ungute Gefühl, dass durch meinen Artikel die jungen Demonstranten auf dem Tachrîrplatz entweder sterben würden oder in einem Gefängnis gefoltert werden könnten. Ich stellte mir tausend Fragen und konnte nicht schlafen. Und immer wenn ich von einem neuen Toten hörte, bekam ich Angst, dass ich ihn kenne. Am meisten aber fürchtete ich mich davor, aufzuwachen und zu sehen, wie mein Land fällt und alle einfach zugucken.

Doch dann kam der Tag, an dem Mubârak abdankte. Seine Helfer und Helfershelfer versammelten sich, doch das nützte nichts: Überall wurden Freudenfeste und Partys gefeiert. Nun musste ich mich entschuldigen, dass ich schwarzgesehen hatte und bedrückt gewesen war. Auch dafür, dass ich denen geglaubt hatte, die behaupteten, Ägypter seien passiv und würden niemals gegen ihre Unterdrücker aufstehen. Ich entschuldige mich dafür, nicht überzeugt gewesen zu sein, dass in Ägypten Demokratie entstehen könnte. Ja, ich hatte nicht erwartet, dass eines Tages hier eine Revolution ausbricht, und entschuldige mich auch dafür. Vielleicht war mein negatives Denken einfach ein Nebeneffekt ägyptischer Spionagefilme* und Streifen über den 23. Juli**. Doch jetzt war es anders; die Jugendlichen hatten alles vorbereitet, heimlich natürlich, denn sonst wäre die Revolution misslungen, bevor sie überhaupt begonnen hätte. Ich entschuldige mich für meine Angst, die ich vor den Sicherheitskräften empfunden hatte. Ich verstand jetzt, dass Polizisten nur so bedrohlich aussehen, aber eigentlich nichts gegen Revolutionäre ausrichten können. Sie brüllen nur, um den Leuten Angst einzujagen! Ich entschuldige mich auch dafür, dass wir Ägypter sooo lange gebraucht hatten, um zu revoltieren. Wer hätte gedacht, dass das Regime binnen achtzehn Tagen zusammenbrechen würde? Wie viele andere achtzehn Tage haben wir durch trübe Gedanken, unsere Angst und Furcht und unsere Bequemlichkeit vergeudet? Ich meine das Gefühl des eigenen Unwertseins, die Angst vor dem Regime, die Furcht vor der angeblichen Stärke der Sicherheitskräfte. Diese Gefühle sind immer einfacher als Standhaftigkeit. Ich entschuldige

* In ihnen wird zumeist ein böser Israeli gezeigt, der Ägypten vernichten will. Doch das Nilland ist stark und seine Bewohner gut – zumindest im Film –, und so scheitern alle israelischen Spione. *(KB)*

** Am 23. Juli 1952 wurde König Farûk gestürzt und ein Jahr später die Republik ausgerufen, was auch als Revolution bezeichnet wird. Die Filme darüber sind kitschig und glorifizieren das Ereignis. *(KB)*

mich für all das und hoffe auf ein neues Ägypten. Ich wünsche mir, dass es sauberer, reiner und gerechter wird. Die ganze Gesellschaft sehnt sich danach. Doch bedeutet dies, dass nun alle Hindernisse überwunden sind? Habe ich nun keine Albträume mehr?

Gewiss sind noch einige Stützen des alten Regimes übrig geblieben. Ausserdem befinden wir uns in einem Dilemma: Auf der einen Seite droht die Gefahr einer Rückkehr des Militärs an die Macht, wie wir es sechzig Jahre lang erlebt haben, auf der anderen Seite eine extremistische religiöse Kraft, die jeden Tag stärker wird. Deshalb habe ich nun sogar Albträume, wenn ich wach bin, und mache mich auf ein neues superkorruptes Regime gefasst. Dabei sollten wir eigentlich eine wirklich demokratische Regierung schaffen. Schon komisch, dass ich meine Angst vor der Zukunft und meine Befürchtungen einfach nicht loswerde …

Trotzdem: Wer am 25. Januar erwachte, schrieb einen Abschiedsbrief an unsere brutalen Sicherheitskräfte – mit seinem Blut. Dennoch behauptete das damalige Regime, dass keiner es vertreiben könne, und verteidigte sich mit Eisenstangen gegen Tausende und Abertausende. Zuerst hatten die Revolutionäre gelästert, die Durchschnittsägypter besässen einfach keine Würde. Doch vermutlich hatten sie die Leute damit nur anstacheln wollen, denn plötzlich entblössten sie ihre Brust, wenn eine Kugel kam, und streckten ihre Nase nach vorn, wenn Tränengaspetarden loszischten. Sie taten wohl nur das, was sie immer gewollt hatten, und erwarben sich so den Respekt der ganzen Welt. Wahrscheinlich *mussten* sie die Durchschnittsägypter provozieren, denn erst mit Hilfe der Massen konnten sie eine

Revolution machen. Und so vollbrachten sie in achtzehn Tagen ein Wunder. Deshalb scheint es heute schwer oder sogar unmöglich, dass jemand den Ägyptern ihre Zukunft stiehlt und sie abermals unterdrückt.

Doa al-Scharîf

Ich habe die Hoffnung nicht verloren

Die Januarrevolution –
Der Hass weckte das Bewusstsein
Die Januarrevolution –
Nach langem Schweigen wölbte sich die geplagte Zunge
Die Januarrevolution –
Der Volksaufstand verblüffte die ganze Welt.

Diese Revolution rüttelte uns auf, veränderte in uns so manches und gab uns vieles zurück, was wir längst verloren geglaubt hatten: Selbstvertrauen, Würde und die Führerschaft unter den Arabern. Einige mögen denken, die Mubârak-Ära sei doch nicht sooo schlimm gewesen und wir würden jetzt masslos übertreiben und alles aufbauschen. Aber glaubt mir: Es ist wahnsinnig schwer, in einem Land zu leben, dessen Pass man zwar besitzt, das man aber eigentlich nicht als sein »Vaterland« empfindet. Jene, denen es wirklich gehört, sind nämlich aus anderem Holz geschnitzt! Es ist also nicht einfach, in der Fremde und der Entfremdung zu leben. Früher wollte jeder für sich sein und kümmerte sich nicht darum, was in Ägypten passierte. Nicht einmal um Nachbarn und Verwandte scherte man sich! Ja, wir lebten in der Fremde und der Entfremdung, selbst der Einzelne wirkte wie ein Fremdkörper. Alle Araber waren blass und ohne Kontur. Das verdankten wir unseren »Führern«. Doch das Volk wollte nicht länger schweigen und die Unterdrückung ertragen. Der entscheidende Moment kam, als Tunesien die Revolution gebar und sie sich nach Ägypten ausbreitete.

Dort durchbrach sie endlich die Barrieren der Angst und öffnete den Weg zur Freiheit.

Allerdings hatte ich auch vorher die grosse Hoffnung gehabt, dass die Menschen ihren Gram überwinden und aktiver würden. Mit meinen Freunden diskutierte ich oft über den elenden, lähmenden Zustand Ägyptens. Als ich bemerkte, dass sie langsam verzweifelten, beschwor ich sie, ihre Hoffnung zu bewahren. Auf *Facebook* veröffentlichte ich sogar einige Gedichte. Viele Leute lasen sie und fragten mich, ob es überhaupt noch irgendeinen Lichtblick gebe. Meine Antwort war immer gleich: »Klar, der Aufstand wird bald beginnen!«

Als es endlich so weit gekommen war, berichteten wir der Welt ganz genau von allen Einzelheiten der Revolution, unseren Gefühlen und auch dem Triumph des Sieges, den wir bis heute auskosten. Doch auch bisher unbekannte Empfindungen bestürmten uns. So spürte ich zum ersten Mal, dass die Fremde und meine Entfremdung in sich zusammenstürzten, und ich merkte, dass dies mein Land und meine Heimat ist, dass hier mein Ursprung liegt. Christen und Muslime fühlten sich solidarisch miteinander, fassten sich bei den Händen, und nun hiess es: »Wir halten zusammen, wir sind Ägypter.« Alle sorgten sich um den anderen mehr als um sich selbst, und jeder war bereit, für den anderen zu sterben, den anderen zu verteidigen. Ich staunte, wie schnell sich die Leute geändert hatten. Endlich wurde wahr, was uns unsere Grosseltern eingebläut hatten: Die Ägypter, die Araber sind Menschen von Ehre. Glaubt mir, sich dessen gewiss zu sein, dieses Gefühl kann man gar nicht beschreiben. Selbst gegen Räuber und Gauner verbündeten wir uns, schliesslich mussten wir unsere Revolution verteidigen! Das eigentliche Resultat der Revolution bestand darin, dass wir unsere Würde wiedererlangten.

Im Folgenden noch zwei meiner Gedichte. Das erste entstand vor, das zweite während der Revolution.

Ach, du Land ohne Führer
Und der Führer ohne Nation
Das Land braucht Leute
Die Leute haben Sorgen
Früher waren sie eine Familie
Doch als Zwietracht gesät wurde
Haben sie sich getrennt
Und Narrenkappen aufsetzen lassen.

Hast du die Araber gesehen?
Die stehen eng beieinander in dichten Reihen
und halten sich an den Händen
Plötzlich stiess mich dort einer an und sagte:
»Ach, ihr! Wer hätte gedacht, dass das
je passieren würde?«

Achmad Dîb
Wandel

Vor der Revolution hatte ich ernsthaft mit dem Gedanken gespielt, ins Ausland zu gehen. Ich bin Ingenieur und jung, und so war ich sicher, dass ich in Europa eine Arbeit finden würde. Ich hasste Ägypten, doch mittlerweile habe ich beschlossen, hierzubleiben und mein Land aufzubauen. Damals wurde ich Mitglied der *Facebook*-Gruppe »We are all Khaled Said«*. Saîds Familie sagt, er habe ein Video besessen, das bewies, dass die Alexandriner Polizei in den Drogenhandel involviert war. Deshalb hätten die Polizisten ihn töten wollen.

Der 25. Januar rückte näher. Auf *Facebook* las ich den Aufruf zur Demonstration. Früher war ich nur auf den üblichen Studentendemonstrationen an der Uni gewesen. Die gab es andauernd, und ich habe mich natürlich daran beteiligt. An anderen, schon gar nicht auf offener Strasse, habe ich nie teilgenommen. Kurz und gut: Ich bin eigentlich kein Revolutionär. Ich wollte ja weg, ins Ausland, bin also eher jemand, der Problemen ausweicht. In diesem Land sah ich für mich keine Zukunft mehr. Doch an der Demonstration am Tag der Polizei wollte ich teilnehmen. Ich kann gar nicht sagen, warum, doch es zog mich regelrecht zum Tachrîrplatz. Dort sollten sich alle treffen.

Am Abend zuvor war ich mit einem Freund ausgegangen. Er ist mein bester Kumpel, und wir machen ständig etwas zusammen. Ich kenne ihn seit der Schule, wir mögen uns, aber hatten uns unterschiedlich entwickelt und vertra-

* Siehe Seite 84. *(KB)*

ten verschiedene politische Ansichten: Ich war der typische junge Ägypter, der zwar alles schlecht findet, aber nichts dagegen tut. Er war hingegen vor einiger Zeit Mitglied der Nationaldemokratischen Partei geworden. Ich kenne eine Reihe von Leuten, die Mitglieder der NDP waren, doch als mein bester Freund ihr beitrat, war ich schockiert. Er hatte natürlich seine Gründe: Er wolle in Ägypten bleiben, hatte er mir erklärt, und hier gebe es nun mal keine Zukunft für jemanden, der nicht in der Partei sei. Am 24. Januar versuchte ich, meinen Freund zu überreden, mit mir auf die Demonstration zu kommen, und er wollte, dass ich endlich NDP-Mitglied werde. Ich gewann!

Als wir am nächsten Tag auf den Tachrîrplatz kamen, war der schon voller Menschen. Mein Freund wirkte unentschlossen. Plötzlich zog er seine NDP-Mitgliedskarte aus der Jackentasche, knipste das Feuerzeug an und verbrannte sie. »Siehst du?«, sagte er. Ich war verblüfft und fragte ihn, warum er das getan habe, doch eigentlich wusste ich es und fand es toll. Es fühlte sich an, als wäre er mir entglitten gewesen und als hätte ich ihn nun wiederbekommen.

Auf dem Platz hatten sich Tausende Menschen versammelt, viel mehr, als die Initianten erwartet hatten. Später erzählte mir einer von ihnen, sie hätten mit ein paar hundert gerechnet, die nach der Demonstration gleich wieder nach Hause gehen würden. So wie es immer gewesen sei … doch diesmal kam alles anders. Alle schrien ihren Hass auf Mubârak und ihren Frust über dieses sinnlose und von Korruption vergiftete Leben heraus. Es war wahnsinnig laut. Die Herrschenden dürften darüber wohl am meisten überrascht gewesen sein. Sie hatten die Ägypter ja immer für dumme

Fatalisten gehalten, zu bequem, zu faul und zu gutmütig, um sich zu rühren, geschweige denn eine Revolution anzuzetteln und durchzuführen. Nun, in den folgenden Tagen sollten sie das Volk von einer anderen Seite kennenlernen.

Auf meine Frage hatte mein Freund geantwortet: »Damit ich mich besser fühle. Damit ich spüre, dass ich zu euch gehöre.«

Kristina Bergmann

Die Muslimbrüder

Die islamistischen Muslimbrüder waren unter Mubârak *die* Opposition, es gab schlichtweg keine andere. Während der Revolution zeichneten sie ein schlechtes Bild von sich, weil sie den gesamten Aufstand gegen den Präsidenten und seine Schergen eigentlich versäumten. Nur einmal waren junge Muslimbrüder auf dem Tachrîrplatz zu sehen: während der sogenannten »Kamelschlacht«, als plötzlich Reiter auf Kamelen und Pferden erschienen und die Revolutionäre mit äusserst brutaler Gewalt vertreiben wollten. Junge Muslimbrüder und Ultras eilten den Demonstranten zur Hilfe. Einer der jungen intellektuellen Anführer der Revolution, Achmad Mâhir, meinte später, dass es ohne ihre Hilfe nicht gelungen wäre, den Tachrîrplatz zu halten, und womöglich der ganze Volksaufstand in sich zusammengebrochen wäre.

Mâhir war voll des Lobes für beide Gruppen. Ihre Fähigkeit, sich zu verteidigen, kam nicht von ungefähr: Muslimbrüder und Ultras hatten in Ägypten sehr oft mit der Polizei zu tun – Erstere aus religiösen und politischen Gründen, die anderen, weil sie als laute, brutale Randalierer gelten, die seit 2007 die Fussballplätze heimsuchten.

Wegen ihres mutigen Einschreitens bekamen die jungen Muslimbrüder Ärger mit den Älteren in ihrer Bewegung. Es zeigte sich, dass die Gruppierung, die sich nach aussen immer geschlossen gegeben hatte, im Innern gespalten war. Die Jüngeren kritisierten die mangelnde Offenheit der Muslimbrüder und machten dafür die jahrzehntelange Unterdrückung durch das Regime verantwortlich. Sie erwarteten gerade vonseiten der älteren Muslimbrüder mehr Toleranz. Und so traten die Konflikte zwischen dem rebellierenden Nachwuchs und den Älteren seit dem Beginn der Revolution immer stärker zutage. Die Führung der Muslimbrüder, die ausnahmslos aus älteren Männern besteht, verbot der Jugend Ende Mai 2011 die Teilnahme am zweiten »Tag des Zorns«. An diesem Tag wollten Demonstranten dazu aufrufen, das Mubârak-Regime vor Gericht zu stellen, und verlangen, dass die neue Verfassung *vor* den ersten freien Parlamentswahlen verabschiedet würde.

Am 30. April 2011 gründeten die Muslimbrüder die Freiheits- und Gerechtigkeitspartei (FGP). Der Schura-Rat der Bewegung, dessen jüngstes Mitglied sechsundvierzig Jahre alt ist, ernannte – völlig undemokratisch – die Parteispitze und erklärte weiter, dass die FGP die einzige Partei der Muslimbrüder bleibe und deren Anhänger ausschliesslich bei ihr Mitglied werden dürften. Zwar gibt es auch in den meisten anderen Parteien einen Generationenkonflikt, und auch sie sind eher undemokratisch aufgebaut, doch die Muslimbrüder hatten sich immer für die Demokratie starkgemacht und fielen deshalb umso mehr auf.

Jüngere Mitglieder wollten sich im Wahlkampf zudem auch moderner Kommunikationsplattformen wie *Facebook* und *Twitter* bedienen, während Ältere eher auf herkömmliche Medien wie Fernsehen und Plakate setzten. Doch gibt es noch andere, wichtigere Reibungspunkte. So stehen viele junge Muslimbrüder der Idee aufgeschlossen gegenüber, dass auch ein Christ Staatsoberhaupt des Nillandes sein könnte. Doch das geht vielen ihrer Mitstreiter, die sich zwar tolerant geben, letztlich aber islamistisch denken, völlig gegen den Strich.

Zudem kämpfen Muslimbrüder an anderen Fronten. So haben sie zwar nach der Revolution Freiheit gewonnen, werden nicht mehr verfolgt und verfügen sogar über eine Partei, doch ist ihnen im islamistischen Lager Konkurrenz erwachsen: Ihre stärksten Gegner sind die Salafisten geworden. Sie berufen sich auf die frühesten Muslime und das Leben des Propheten des Islam, Muhammad. Laut Beobachtern werden sie stark von Saudi-Arabien beeinflusst, an das sich Mubârak angenähert hatte und wohin viele Ägypter in den letzten Jahren ausgewandert sind, um Geld zu verdienen. Die Salafisten haben rasch an Einfluss gewonnen, vor allem weil sie sich sehr religiös und im Prinzip unpolitisch gebärden. Das kommt der ägyptischen Mentalität, die im Grunde gegen die Vermischung von Politik und Religion ist, entgegen. Heute haben die Salafisten mehrere Parteien, die wichtigste ist *Hisb an-Nûr,* die Partei des Lichts.

Chalid al-Chamissi

Der Abend der langen Messer

Ort: Kairo
Geographische Zone: mediterran
Tag: Mittwoch, 2. Februar 2011
Zeit: sechs Uhr abends

Die Szenerie auf dem Tachrîrplatz glich einem Horrorfilm. Dem Platz mitten im Stadtzentrum näherten sich Reiter auf Kamelen und Pferden! In ihren Händen hatten sie lange Messer. Es waren weder Schwerter noch Taschenmesser, sondern scharfe Klingen, mit denen man leicht Körperteile abschneiden konnte. Rundherum wieselten Menschen mit schweren, spitzen Stöcken und stiessen tierische Laute aus. Das Ziel dieser Teufelsbrut war es, die freiheitsliebende Jugend anzugreifen. Der Befehl kam von oben, die Mächtigen hatten ihnen Geld gegeben.

Ein junger Mann, der Gitarre spielte und dazu ein Liebeslied sang, hatte sie zuerst gesehen. »Der Platz wird angegriffen!«, schrie er plötzlich. Und schon sahen wir uns mittelalterlichen Wilden gegenüber. Unsichtbar hinter ihnen standen jene, die seit dreissig Jahren über Ägypten herrschten. In dieser historischen Stunde erschien deutlich diese Fratze, die wir nur allzu gut kennen. Sie erinnerte an die der Mongolen, als sie die phantastische Bibliothek von Alamût zerstörten, und jene der amerikanischen Truppen, als sie das Nationalmuseum in Bagdad plünderten. Die Angreifer waren den Demonstranten weder zahlen- noch kräftemässig unterlegen und begannen Molotowcocktails auf das Ägyptische Museum, in dessen Garten und auf die Revolutionäre zu werfen. Diese machten einander Mut und riefen, morgen und in Zukunft werde alles besser. Konnte es etwas Stärkeres geben, das die Unschuld ihrer Herzen und ihrer Träume bewies?

Für uns auf dem Platz war es, als würden wir mit der Vergangenheit der letzten dreissig Jahre konfrontiert, mit der Epoche der Düsternis, der Hässlichkeit und der Dummheit, während deren »sie« uns immer wieder angegriffen hatten. Erstaunlicherweise schafften wir es diesmal, Widerstand zu leisten. Wir standen da wie eine Mauer, wie eine Feuerwand und gewährten den Messerträgern keinen Einlass. Eigentlich standen wir für die Mehrheit, angekommen im einundzwanzigsten Jahrhundert, die gegen Menschen von vorgestern kämpfte. Diese Mehrheit war gebildet, klug und technisch auf dem neuesten Stand, die anderen waren hässlich, rückständig und dumm. Einer nach dem anderen von ihnen fiel, trotz ihrer Molotowcocktails und Messer!

Zweifellos hatten wir gesiegt, doch dafür einen hohen Preis bezahlen müssen: Auf dem Tachrîrplatz waren viele junge Frauen um die zwanzig, sie wirkten so zuversichtlich wie arglos. Eine von ihnen sagte, sie wolle hier für ihre Zukunft kämpfen. Sie sei Assistentin bei einer Filmausstatterin, interessiere sich für Kino und wolle Schauspielerin werden. Mit ihrem wunderbaren Lächeln schaute sie einen dieser Hässlichen an, in der Erwartung, er würde es erwidern. Es schien, als hätte sie nicht mitbekommen, dass sie gerade in einer anderen Zeit lebte. Der Kerl hob seinen Stock und donnerte ihn mit voller Wucht auf ihren Kopf. Sie sank zu Boden, der Mann brüllte und begann sogleich, sich nach einem neuen Opfer umzusehen. Die junge Frau stand dann langsam wieder auf, schleppte sich nach Hause und starb inmitten ihrer Familie an einer Gehirnblutung. Den Hässlichen genügte diese Tat offenbar nicht, sie griffen jeden an, der ihnen im Weg stand. Das Resultat waren Dutzende Tote, Hunderte Verletzte. Die Hässlichen hatten die klare Anweisung bekommen, genau auf den Kopf zu schlagen – in dieser Nacht wurden buchstäblich die Gesichter der Revolution angegriffen. Ein Demonstrant hatte geschrieben: »Mutter, sei nicht traurig, wenn ich sterbe, denn mein Tod ist sinnvoll. Durch ihn können andere leben!«

Hinter einer der Bürgerwehren beim Tachrîrplatz hatte sich ein Heckenschütze versteckt. Ein junger Mann namens Mustafa al-Sawi kam an den Absperrungen vorbei, sah einen Freund und breitete seine Arme aus, um ihn zu begrüssen. In diesem Moment fielen Schüsse – der Heckenschütze hatte auf Mustafas Brust gezielt. Dessen Arme sanken augenblicklich, er zitterte noch kurz und sackte blutüberströmt zusammen. Sein Todestag war sein fünfundzwanzigster Geburtstag.

Die Pyramide der Opfer wuchs und wuchs, bis sie höher als die Cheopspyramide war. Doch trotz aller Hässlichkeit wurde es licht. Junge Ärzte eilten herbei, Medikamente wurden gebracht, und die Behandlung der vielen Opfer konnte beginnen.

Uns Demonstranten gelang es, einen der Hässlichen zu erwischen, festzuhalten und zu verprügeln. Danach fragten wir ihn, als was er arbeite. Er sagte, er sei Schreiner. Warum war er hierhergekommen? Um Mubârak zu verteidigen. Ist der denn auf dem Platz? Nein, antwortete der Hässliche.

Wir insistierten: Warum war er dann überhaupt gekommen? Der Mann berichtete, dass ein Agent in sein Viertel gekommen sei und jedem, der einen Tag lang für ihn arbeiten würde, fünfzig Pfund* geboten habe. Da habe er keine Sekunde gezögert. Ob er das Geld schon bekommen habe, wollten wir wissen. Nur einen Teil, sagte er. Der Agent habe zunächst jedem fünfzehn Pfund abgezogen und dann eine Anzahlung von zwanzig Pfund geleistet. Den Rest, also weitere fünfzehn Pfund, sollte er am Ende dieses Tages bekommen. Der Hässliche wusste absolut nicht, warum er überhaupt auf dem Platz war, und konnte weder lesen noch schreiben. Im Grunde war er ein Resultat der düsteren Epoche der letzten dreissig Jahre. Trotzdem konnten wir weder um ihn noch um Ägypten weinen. Wir sagten dem Hässlichen, dass wir eigentlich wegen Leuten wie ihm hier auf dem Platz stünden. Natürlich verstand er den Zusammenhang zwischen der Revolution und seiner Lage nicht und blickte uns aus seinen kleinen ängstlichen Augen an. Er hatte wohl nur die noch ausstehenden fünfzehn Pfund im Sinn. Viele hatten Mitleid mit ihm, auch ich, denn er war eigentlich ein Opfer dieses Regimes, genauso wie die Strassenkinder und die meisten Mitglieder der Nationaldemokratischen Partei.

Die Demonstranten fingen weitere Gegner, hielten sie fest und schrien sie an: »Wir machen die Revolution für euch!« Kein Einziger verstand das. Es mündete jeweils darin, dass beide Seiten über die Armut und die Not klagten. Doch für jeden bedeuteten sie etwas anderes.

* Etwa 6,30 Euro. *(KB)*

Marwân Mûssa

Auf Patrouille

Viele Ägypter haben sich auf ganze unterschiedliche Weise an der Revolution beteiligt, zum Beispiel, indem sie sich nächtelang in Bürgerwehren engagierten. Die Armee rief dazu auf, nachdem am 28. Januar die Polizei von den Strassen verschwunden, Gefängnisse gewaltsam aufgebrochen worden und angeblich zahllose Kriminelle entwichen waren. Die Menschen begannen um ihre Familien, Bekannten und ihr Eigentum zu fürchten. Rasch organisierten sich zumeist die Männer eines Quartiers und postierten sich Nacht für Nacht in Gruppen vor ihren Wohnungen und Häusern. Sie waren – allerdings schlecht – bewaffnet und kontrollierten Personen und Fahrzeuge. Die Ägypter wollten damit auch beweisen, dass sie in der Lage waren, die Sicherheit im Land, die enorm viel zählt, auch ohne die Polizei zu gewährleisten. Zudem konnten so auch jene, die aus verschiedenen Gründen nicht an den Demonstrationen teilnahmen, ihren Beitrag leisten. Es ist wohl in erster Linie den Bürgerwehren zu verdanken, dass Ägypten in jenen Tagen von ausufernder Kriminalität verschont blieb. Das wird in folgendem Augenzeugenbericht eines Schülers deutlich. (KB)

Ich war gerade zu Besuch bei Freunden in meiner Strasse,* als sie sagten, wir müssten nachts auf die Strasse gehen und die Bewohner bewachen. Das Militär und natürlich der Vater meines Freundes Hassan erklärten, nur so könnten ich und alle anderen unserem Land helfen.

Sofort lief ich nach Hause und suchte nach einer Waffe. Ich entschied mich schliesslich für eine lange Eisenstange.

* In Maâdi, einem südlichen Vorort von Kairo. *(KB)*

Meine Mutter wollte sie mir erst nicht geben, sie versteckte sie sogar. Ich erklärte ihr aber, dass wir den Leuten Angst machen müssten, da willigte sie ein und überliess mir die Stange. Danach ging ich auf die Strasse, wo Hassan, sein Bruder und sein Vater schon bereitstanden. Sie hatten Stöcke in der Hand. Besonders schlagkräftig waren diese zwar nicht, aber es ging ja nicht darum, mögliche Angreifer schwer zu verletzen oder gar zu töten, sondern ihnen bloss Angst einzujagen.

Über eine Woche lang ging ich jeden Abend um acht Uhr nach draussen und blieb dort bis vier Uhr morgens. Wir, die Jungen aus unserer Strasse, trafen uns und zündeten erst mal ein Feuer an. Es war Ende Januar, Anfang Februar und ganz schön kalt. Vorher hatten wir uns gar nicht gekannt, aber während der langen Stunden, die wir um das Feuer sassen, lernten wir uns kennen und wurden schliesslich Freunde.

Jedes Auto, das vorbeikam, musste kontrolliert werden. Wir erledigten das immer zu zweit. Zuerst nahmen wir den Führerschein und die Autopapiere unter die Lupe, wir wollten nämlich sehen, ob der Fahrer vielleicht ein Polizist ist – die hassen wir nämlich, und wenn wir auf einen von denen getroffen wären, hätten wir es ihm aber gezeigt! Meistens untersuchten wir auch den Kofferraum, da hätte ja etwas Gefährliches drin sein können.

Natürlich waren die Fahrer wegen der vielen Inspektionen verärgert, so dass wir uns so organisierten, dass die Kontrollen nicht überhandnahmen. Wenn wir alles überprüft hatten, winkte die nächste, nicht weit von uns entfernte Gruppe den Fahrer durch. Verständigt haben wir uns mit Signalhörnern. Ganz anders als sonst durften wir Jugendlichen übrigens mehr als die Älteren tun, eigentlich lastete sogar die gesamte Verantwortung auf uns. Das lag aber nicht an der Revolution – die Alten waren einfach faul! Wir hingegen übernahmen die Kontrollen gern, um zu zeigen, was wir können.*

In jenen Wochen waren alle Schulen geschlossen,** und so war es kein Problem, bis um vier aufzubleiben. Ausserdem war das Internet abgeschaltet – es gab also gar nichts anderes zu tun, als unser Quartier zu bewachen. Meine Mutter wollte zwar immer, dass ich zu Hause bleibe, aber ich sagte ihr jeden Abend, dass ich sie beschützen und verhindern müsse, dass bei uns eingebrochen wird. Das meinte ich ernst, aber ich wollte auch bei meinen neuen Freunden sein.

Die Hauswarte waren ebenfalls draussen und halfen uns. Und in unserer Strasse beteiligten sich auch Frauen an den Kontrollen. In ärmeren Vierteln wäre das undenkbar, denn dort gelten Frauen als zu schwach und für Wachaufgaben ungeeignet. Bei uns im vornehmen Maâdi-Quartier waren die meisten Frauen dagegen sogar bewaffnet! Es herrschte eine Art Solidarität, und das gefiel mir. Es wurde unwichtig, welches Geschlecht jemand hatte, auch woher jemand kam, ob arm oder reich, spielte keine Rolle. Ehrlich gesagt, habe ich mich den Ägyptern noch nie so nahe gefühlt.

* Das ist wohl der interessanteste Aspekt der Bürgerwehren, denn Ägypten, wo so viele junge Leute leben – sechzig Prozent der Bevölkerung sollen jünger als dreissig sein –, leidet unter der Macht der Grauhaarigen. Diese wollen bis heute ihre Pfründe nicht abgeben. Selbst in der neuen, nachrevolutionären Beilage »Jugend vom Tachrîr« in *al-Ahrâm,* der wichtigsten ägyptischen Tageszeitung, kommen eigentlich nur alte Männer zu Wort! *(KB)*

** Bis zum 20. Februar 2011. *(KB)*

Eines Abends fehlte plötzlich ein junger Kerl, der an den anderen Tagen immer bei uns gewesen war. Wir hörten, ihm sei in den Kopf geschossen worden und er könne uns nicht mehr helfen. Zum Glück starb er nicht, und die Wunde verheilte schnell, aber schlimm war die Sache trotzdem. Es war also durchaus gefährlich, in der Bürgerwehr mitzumachen, auch wenn manche Leute behaupten, die Plünderungen und Überfälle seien nur erfunden worden. Natürlich haben viele Leute masslos dramatisiert! So hiess es zum Beispiel, bei uns in Maâdi seien manche Strassen völlig verwüstet worden. Doch von den Zerstörungen war überhaupt nichts zu sehen. Vor allem meine Mutter, die von Anfang an den Übertreibungen keinen Glauben geschenkt hatte, musste lachen, als ich ihr das erzählte. Ich bin aber überzeugt, dass erst unsere Bürgerwehren Plünderungen verhindert haben. Die Räuber müssen Angst vor uns bekommen haben, weil sie gehört hatten, dass bestimmt die Hälfte der Bevölkerung jede Nacht auf den Strassen war. Nur deshalb sind sie nicht gekommen.

Kristina Bergmann

Ägypten lieben – der neue Patriotismus am Nil

An vielen Orten im Nilland verkaufen Strassenhändler inzwischen ägyptische Flaggen und Revolutionssouvenirs mit der Aufschrift »25. Januar«, dem Tag, als der Volksaufstand begann. Auch in den Nationalfarben Rot, Weiss und Schwarz bemalte Baumstämme und Laternenpfähle fallen auf. »Ägypten ist zurück zum Volk gekommen, endlich können wir stolz auf unser Land sein«, sagt ein Passant und nickt mir zu. Plakate des verhassten Exdiktators Mubârak und sein Name sind aus der ganzen Stadt verschwunden – eine nach ihm benannte U-Bahn-Station wurde zum Beispiel in »Märtyrer« umgetauft.

Doch während Mubâraks langer Herrschaft ist zu viel entstanden, als dass man nun einfach alles auslöschen könnte. Was soll zum Beispiel mit den zahllosen Gedenktafeln passieren, die Mubârak überall hat anbringen lassen? Sie befinden sich an U-Bahn-Stationen, aber auch vor Museen und Krankenhäusern – an jedem Ort, den Mubârak eingeweiht hat, also praktisch an allen neueren Gebäuden. So manche Ägypter fragen sich deshalb, welchen Sinn es habe, die Spuren einer immerhin dreissigjährigen Präsidentschaft zu tilgen. Diese gehört nun mal zur Geschichte. Oder wie mir Imân Kurrani, eine einfache Frau, sagte: »Dreissig Jahre lang haben die meisten von uns Mubârak hingenommen. Also müssen wir uns nun auch selbst an die Nase fassen!« Doch mit so viel Selbstkritik stellt sie eine Ausnahme unter den Ägyptern dar. Zu gross sind die Wut auf Mubârak und der Stolz, ihn durch eine Revolution gestürzt zu haben. Und so glauben viele, mit der Auslöschung eines Namens ein neues Ägypten schaffen zu können, und feiern jetzt den Widerstand. Für sie gilt es bereits als verräterisch, auch nur den Namen Mubârak hinzunehmen. Deshalb lassen sich nur mit grosser Mühe noch Anhänger des ehemaligen Präsidenten finden, öffentliche Fürsprecher gibt es gar nicht mehr. Wo sind seine vielen Sympathisanten geblieben? Nach seinem Abtritt am 11. Februar 2011 traf ich mehrere Menschen, die mir aus dem Weg gehen wollten, weil sie zuvor noch betont hatten, dass Mubârak ein guter Mann sei! Ich verstand ihre Angst und nahm ihnen das nicht übel. Als im August 2011 der Prozess gegen ihn begann, änderte sich das. Viele Mubârak-Anhänger tauchten nun wieder auf und trugen sogar grosse Transparente. Um den Prozess entbrannte ein erbitterter Streit, und das Gericht vertagte ihn auf Ende Dezember.

Man könnte daraus schliessen, Angst sei ein Gefühl, das die Ägypter beherrscht – vor der Revolution, aber eben auch danach. Hierzulande gebraucht man dafür den schönen Ausdruck »die Wand entlanggehen«. Das bedeutet so viel wie »nicht auffallen« und »es den Mächtigen recht machen« – ein Verhalten, das viele Ägypter zeigen. Ich denke zwar nicht, dass Opportunismus unter ihnen weiter verbreitet ist als bei anderen Völkern, doch haben sie oft grosse Angst. Die Geschichte hat sie sie gelehrt: Für Proteste sind sie zu oft brutal bestraft worden.

Viele von ihnen streifen nun rot-weiss-schwarze T-Shirts über, feiern die Revolution und schwenken Fahnen – dieselben Leute, die sonst »die Wand entlanggingen«! Oder sie freuen sich, dass sie die Revolution überstanden haben, zwischenzeitlich drohten nämlich viele über sie zu stürzen. So waren im Internet beispielsweise schwarze Listen mit angeblichen Anhängern Mubâraks veröffentlicht worden, was rasch in eine Hexenjagd mündete. Doch die Wahrheit ist, dass Mubârak nur ganz wenige echte, aktive Gegner hatte. Zwar mochte ihn keiner, doch blieben die meisten Menschen still. Nun agiert man mit Wut und verletztem Stolz, mit Patriotismus oder gar Nationalismus. Mubârak wird als Widerling dargestellt, das Nilland hingegen glorifiziert.

Erste patriotische Töne erklangen bereits während der Demonstrationen. »Ägypten ist wichtiger als alles andere«, sagte beispielsweise Wâil Ghonîm, Internetaktivist und Marketingchef für den Nahen Osten und Nordafrika bei Google. Er hatte nicht nur für Ägypten gekämpft, sondern war auch gleich nach Beginn des Aufstands ins Gefängnis verbracht worden. Als er freikam, feierten ihn viele junge Ägypter und bezeichneten ihn als Heroen der Revolution. Das lag zum grossen Teil daran, dass er jung ist und sich auf sympathische Weise für die Revolution eingesetzt hatte; arm ist er freilich nicht. Nach seiner Entlassung nannte er die Menschen, die tage- und nächtelang auf dem Tachrîrplatz ausgeharrt hatten, »Helden«. Trotzdem waren diese jungen Leute auf andere Art patriotisch als jene, die ihr Land später derart feierten.

Ghonîm und seine Mitstreiter hatten vermutlich erst einmal den Verdacht ausräumen wollen, sie wären links und säkular – zwei der schwerwiegendsten Vorwürfe überhaupt in Ägypten. Doch später wurde der Patriotismus zur Pflicht. Er nahm extreme, aber auch erfinderische Formen an. So wurde es direkt nach Mubâraks Sturz zu einem wahren Volkssport, mit der ganzen Familie auf den Tachrîrplatz zu gehen und sich dort vor einem Panzer mit Soldaten fotografieren zu lassen. Ägypter jedes Alters schwangen immer häufiger auch die Nationalflagge: Rot-Weiss-Schwarz mit dem Adler Saladins, der als Befreier der Araber gilt, in der Mitte. Dabei steht Rot für die Revolution von 1952, Weiss für die strahlende Zukunft des Landes und Schwarz für dessen dunkle Vergangenheit. Einen Grund, die Fahne nun zu ändern, gab es nicht. Einen Adler zeigen auch die Fahnen und Wappen anderer Staaten; er steht auch für Kraft und Virilität. Ob diese Bedeutungszuschreibungen auch den Patriotismus befördert haben?

Zu den Fahnen gesellten sich andere Attribute. Am Rande des Tachrîrplatzes wurden rot-weiss-schwarze T-Shirts mit patriotischem Aufdruck verkauft. Auf einigen steht einfach »I love Egypt«, auf anderen wird Mubârak mit diversen Flüchen belegt. Autofahrer schmückten ihre Wagen mit Aufklebern, die den gültigen Kennzeichen nachempfunden sind, aber auf denen unter dem Staatsnamen in arabischer und englischer Sprache statt der üblichen drei insgesamt fünf Buchstaben – nämlich i-n-a-i-r, also *janâir* (= Januar) – und die Zahl 25 stehen. Sie fanden reissenden Absatz.

Clevere merkten rasch, dass sich mit der Revolution und dem erwachenden Patriotismus auch Geld machen liess. Sie verstanden es, Nationalstolz mit Erfindungsgabe zu verbinden, bauten ihre Stuben um und eröffneten mit Familie, Nachbarn oder Freunden winzige Ateliers. Dort wurden nun die Dinge hergestellt, die überall verlangt wurden. Die Fahnen waren nur der Anfang, und längst ist die Produktion komplexer geworden. Es gibt Aufkleber aller Art,

Computerzubehör und Büromaterial, Küchenutensilien, Bettwäsche und Kleidung. T-Shirts blieben der Renner, doch ihre Aufdrucke gewannen rasch an Attraktivität. So wurden aus eher banalen rot-weiss-schwarzen T-Shirts bald einfarbig schwarze mit den Worten »25 Jan – The Dignity Day«, die wie mit dem Pinsel aufgetragen und entsprechend künstlerisch wirken. Ein anderes Phänomen war patriotischer Schmuck. Besonders gut verkauft wurde die rot-weiss-schwarze Halskette mit dem goldenen Anhänger *»ana masrîja«* (= »Ich bin Ägypterin«).

Manch Patriotismus war auch explizit gegen religiösen Zwist gerichtet und warb dafür, dass man in erster Linie Ägypter sei, egal ob Christ oder Muslim, ob Sufi, Salafist oder areligiös. Ein schöner Ansatz, allerdings war er fast nur auf dem Tachrîrplatz und unter echten Aufständischen zu finden. Dort war während der Revolution von Muslimen und Christen sogar ein gemeinsamer Gottesdienst gefeiert worden: Eigentlich war es aber eine Totenfeier für all die jungen Leute, die bei den Angriffen auf den Platz ums Leben gekommen waren.

Den Patriotismus in Ägypten wirklich zu verstehen, gelingt Westeuropäern kaum. Osteuropäer hingegen, die vor über zwanzig Jahren ähnliche Umbrüche erlebten, äussern grösseres Verständnis, sie scheinen die ägyptische Vaterlandsliebe besser nachempfinden zu können. Diesen Eindruck gewann ich bei einer Vorlesung im Polnischen Zentrum für mediterrane Archäologie, als während des anschliessenden Umtrunks sich die Gespräche auch um die ägyptische Revolution drehten. Während US-amerikanische und westeuropäische Besucher zuweilen Skepsis und die Furcht äusserten, das Land könnte nun nicht sofort den Weg zur Demokratie einschlagen, priesen die Polen den Volksaufstand. Auch für den erwachten Patriotismus hatten sie nur gute Worte übrig. »Die Ägypter lieben ihr Land, sie hassten einfach seine verlogenen Herrscher«, meinte eine polnische Archäologin. Und einer ihrer Kollegen ergänzte: »Der Patriotismus zeigt den Weg zur Demokratie auf.« Ich hoffe, dass sie recht behalten und die Liebe zu Ägypten sich nicht auf das Fähnchenschwingen und den Stolz auf Mubâraks Sturz beschränkt.

Kristina Bergmann

Der Mubârak-Prozess

Am 28. Februar 2011 wurde ein Ausreiseverbot gegen Husni Mubârak, seine Frau Suzanne, seine Söhne Alaa und Gamâl und deren Ehefrauen verhängt. Das Vermögen der Familie in Ägypten wurde eingefroren. Am 13. April wurden der Expräsident und seine Söhne für Befragungszwecke für fünfzehn Tage inhaftiert, und am 24. Mai erhob die Staatsanwaltschaft offiziell Anklage gegen ihn, einige seiner Schergen und seine Söhne. Mubârak wurde der Mittäterschaft bei der Tötung von rund 860 Demonstranten während der Revolution beschuldigt. Es wurde ihm auch Veruntreuung von Staatsbesitz zur persönlichen Bereicherung vorgeworfen.

Der Prozess, an dem Mubârak nur im Krankenbett liegend teilnahm, begann am 3. August 2011. Er sei zu schwach zum Sitzen oder Stehen, hiess es. Beobachter hielten das für eine Schutzbehauptung, wobei man berücksichtigen muss, dass der Expräsident zu diesem Zeitpunkt immerhin schon dreiundachtzig Jahre alt war. Dennoch wirkte er fit und gesund. Vor allem fielen sein perfekt koloriertes Haar und seine kontrollierte Gestik auf. Am zweiten Verhandlungstag untersagte der Richter sowohl die Übertragung des Prozesses als auch generell die Teilnahme von Medienvertretern. Später wurde der Prozess auf Ende Dezember vertagt. Viele fragten sich nun, ob Mubârak wohl je verurteilt würde.

Am 5. September, dem dritten Verhandlungstag, geriet die Menschenmenge vor der Polizeiakademie, in der das Gericht tagte, plötzlich in Bewegung. Steine und Schuhe flogen durch die Luft, die Leute ergriffen die Flucht. Die rund 1000 Sicherheitsbeamten, die eigentlich für Ordnung sorgen sollten, konnten der Angreifer nicht habhaft werden. Stattdessen begannen nun Gegner und Anhänger Mubâraks, die getrennt voneinander vor der Akademie zusammengekommen waren, sich gegenseitig des Angriffs zu bezichtigen. »Ihr wollt uns vertreiben, aber wir bleiben!«, skandierten die einen. Die anderen konterten lautstark: »Mubârak, wir lassen dich nicht im Stich!« Ein berittener Polizist kommentierte das Vorkommnis: Er habe beobachtet, dass die Steine und Schuhe nicht aus der Menschenmenge, sondern aus vorbeifahrenden Autos geworfen wurden.

Viele Angehörige der getöteten Revolutionäre hatten sich zu den etwa 400 Mubârak-Gegnern gesellt, die auf der Südseite des Platzes vor der Polizeiakademie demonstrierten. Sie hatten Bilder ihrer ermordeten Töchter und Söhne in der Hand. Eine Mutter bedauerte, dass die Grossleinwand abgebaut worden war, auf der sie an den beiden ersten Verhandlungstagen den Prozess hatte verfolgen können. Sie forderte die Todesstrafe auch für den früheren Innenminister Habîb al-Adli, der ebenfalls vor Gericht stand. Er habe eiskalt befohlen, die Revolutionäre zu erschiessen. Auch andere Eltern verlangten eine harte Bestrafung al-Adlis und Mubâraks. Letzterer, so gaben sich viele überzeugt, habe die Tötungen zwar nicht befohlen, aber gutgeheissen. Sie erinnerten daran, dass im vorrevolutionären Ägypten nichts ohne die Einwilligung des Diktators Mubârak geschehen konnte.

Auf der Nordseite des Platzes standen hinter Abschrankungen und Sicherheitspolizisten etwa 200 Unterstützer des ehemaligen Präsidenten. Sie verlangten, die innere Sicherheit wiederherzustellen, die Ägypten seit Mubâraks Sturz abhandengekommen sei. Sowieso sei die Revolution unägyptisch gewesen und von Washington initiiert worden, behauptete einer der Demonstranten. Die USA hätten jungen Leuten Geld gegeben, damit sie den Präsidenten schlechtmachten. Seine Anhänger führten sein Porträt mit: ein Foto offensichtlich älteren Datums, auf dem Mubârak stark und jung wirkte. Dass er inzwischen alt und krank ist, wollten seine Sympathisanten wohl nicht wahrhaben. Stattdessen skandierten sie, dass sie ihn wie einen Vater liebten. Und eine Dame meinte achselzuckend, falls er wirklich zu alt für den Präsidentenposten sei, wolle sie eben von seinem Sohn Gamâl regiert werden.

Kristina Bergmann

Das Verfassungsreferendum

Wie reagierte die breite Masse auf die Revolution, welche unmittelbaren Veränderungen bewirkte Mubâraks Abgang? Ein erster wichtiger Markstein im nachrevolutionären Ägypten war der 19. März 2011. An diesem Tag fand das Referendum über elf Verfassungsänderungen statt, das mich sehr beeindruckte. Im Vorfeld hatte es Streit und viel negative Berichterstattung gegeben. Es hatte geheissen, sowohl die Muslimbrüder wie die bisher regierende Nationaldemokratische Partei hätten ein Ja empfohlen und die Menschen ermutigt, abstimmen zu gehen.

Viele Leute hatten mich gefragt, ob sie mit Ja oder Nein stimmen sollten. Meiner Meinung nach gab es niemanden, der alle vorgeschlagenen Änderungen begrüsste oder aber alle ablehnte. Das Referendum war vielmehr eine gute Demokratieübung: Fände man die Änderungen mehrheitlich gut, sollte man zustimmen, fände man sie eher schlecht, könnte man sie ablehnen. Mit den Muslimbrüdern, der NDP und dem Militärrat hatte das letztlich wenig zu tun. Wichtiger schien mir, dass das ägyptische Volk erstmals in einer freien Abstimmung seinen Willen bekunden konnte.

Niemals zuvor hatte ich in Ägypten so viele entspannte Gesichter gesehen! Die Menschen beteiligten sich am Referendum, um das Gefühl auszukosten, wie es ist, frei abstimmen zu können. Dieses Hochgefühl war ihnen zu gönnen. Obwohl man nur Ja oder Nein sagen konnte, standen Millionen von Menschen vor den Stimmlokalen Schlange. Das hatten sie zuvor noch nie getan, Anstehen und Warten zählen für gewöhnlich nicht zu den Stärken der Ägypter. Nun war alles anders, es ging um die Demokratie, und für sie hatten die Menschen gekämpft.

Als Journalistin besuchte ich einige Stimmlokale, und auch ich genoss die neue Situation. Zum ersten Mal fragte mich keiner mehr, was ich dort eigentlich wolle, oder warf mir andere Grobheiten an den Kopf. So war es mir nämlich bei allen Wahlen am Nil zuvor ergangen. Plötzlich wurde ich als Journalistin respektvoll behandelt. Erstmals fühlte auch ich mich frei und sicher in einem Land, das mir sonst – als Journalistin und als Mubârak-Gegnerin – das Leben immer schwergemacht hatte.

Das Ergebnis des Referendums war eindeutig: Mehr als siebenundsiebzig Prozent der Abstimmenden befürworteten die Verfassungsänderungen.

Kristina Bergmann

Die Auswirkungen auf die Wirtschaft

Die Wirtschaftslage nach der Revolution in Ägypten war schlecht. Allerdings war sie auch früher nicht rosig gewesen. Doch mit Beginn des Aufstands am 25. Januar 2011 verschärfte sich die Situation. Ratingagenturen wie Standard & Poor's stuften die Kreditwürdigkeit des Landes herab. Ausländer verliessen Ägypten, die Börse wurde für fast acht Wochen geschlossen, und in vielen Betrieben begann man zu streiken. Wie sollte es wirtschaftlich mit dem Nilland nun weitergehen? Einige meinten, dass die Errichtung einer Demokratie, auch wenn es lange dauern würde, der Wirtschaft förderlich wäre. Immerhin hatte Ägypten unter Mubârak unter schlimmer Misswirtschaft gelitten. Doch viele Beobachter glaubten dieser Prognose nicht.

Zu den politisch motivierten Demonstranten hatten sich schon bald nach Beginn der Revolution Arbeiter aus den Deltastädten Mahalla al-Kubra, Tanta und Mansûra gesellt. Sie hatten Protesterfahrung, vor allem jene, die in der staatlichen Textilfabrik Misr Spinning and Weaving (MSW) in Mahalla arbeiten, wo seit 2004 immer wieder demonstriert und gestreikt worden war. Ursprünglich war es den rund 24 000 Arbeitern der MSW nur um eine gerechtere Entlohnung gegangen. 2010 hatten sie für einen monatlichen Mindestlohn von 1200 Pfund* gekämpft. Doch das Regime hatte ihnen gerade mal 400 Pfund angeboten. Und so schlossen sich viele Arbeiter dem Aufstand gegen Mubârak an und postierten sich in der Kairoer Parlamentsstrasse,

* Damals ca. 165 Euro.

nahe dem Tachrîrplatz. Zweifellos beschleunigte die grosse Menge der demonstrierenden Arbeiter den Fall Mubâraks.

Auch die Monatslöhne der Angestellten an staatlichen Einrichtungen, beispielsweise im Transportwesen, an Schulen oder Krankenhäusern, sind extrem niedrig. Und so legten auch Busfahrer, Pfleger, Sekretärinnen, Polizisten und Lehrer die Arbeit nieder. Sie forderten eine bessere Bezahlung und faire Arbeitsverträge, erklärte Kamâl Abbâs vom Center for Trade Union and Workers' Services (CTUWS), dem ehemals illegalen Dachverband der früher ebenfalls illegalen freien Gewerkschaften.* In der Privatwirtschaft hingegen werden gemäss Abbâs Arbeitnehmer bei ihrer Einstellung oftmals gezwungen, zu unterschreiben, dass ihnen bei einem möglichen Streik gekündigt werden kann. Deshalb lehnten viele die Privatisierung staatlicher Firmen ab, während das Mubârak-Regime sie vorantrieb. »Eine Anstellung in einem Staatsbetrieb bedeutet in den Augen der Arbeiter einen festen Lohn und Sicherheit«, sagte mir Kamâl Abbâs. Unter Mubârak wurden viele staatseigene Betriebe arg vernachlässigt, ihre Produktivität fiel ins Bodenlose, und es drohte die Schliessung. Doch aus Furcht vor einer Privatisierung klammerten sich die Angestellten umso fester an die Staatsbetriebe. Eine wichtige Aufgabe der kommenden Jahre wird also auch sein, Ägyptens Arbeiterschaft zu befrieden und die staatlichen Betriebe umzustrukturieren.

Kurz nach dem Sturz des alten Regimes trat das Kabinett unter dem damals neuen Ministerpräsidenten Issâm Scharaf zusammen. Tenor der Sitzung war nicht nur der

* Unter Mubârak gab es praktisch nur staatliche Gewerkschaften, die die Interessen der Arbeiter aber eigentlich nicht vertraten.

Wunsch nach einer raschen Wiederherstellung der öffentlichen Sicherheit, sondern auch nach einer Wiederbelebung der Wirtschaft des Nillandes. Die achtzehn Tage der Revolution und deren Nachwehen hätten sie geschwächt, hiess es. Laut Schätzungen verzeichnete Ägypten damals Einnahmeverluste in der Höhe von rund einer Milliarde US-Dollar. Viele Polizisten, Arbeiter und Angestellte kehrten nicht zur Arbeit zurück und verwiesen auf die unzureichende öffentliche Sicherheit. In Wahrheit war es in Ägypten jedoch vor, während und nach den Unruhen ungefährlicher als in manch anderen Ländern. Eine Studie des Meinungsforschungsinstituts Gallup zeigte, dass das subjektive Sicherheitsgefühl der Bevölkerung im Frühjahr und Sommer 2011 stetig abnahm, obwohl die Zahl der gemeldeten Straftaten gegenüber 2009 und 2010 sogar rückläufig war.

Scharaf war sich im Klaren darüber, dass erst eine funktionierende Wirtschaft und akzeptable Löhne Zufriedenheit und somit auch echte Sicherheit bringen würden. Er kritisierte die andauernden Streiks, aber auch die gestiegenen Preise für Konsumgüter. Diese waren für die grosse Mehrheit der Ägypter, die extrem arm ist, eine massive Belastung.

Ussâma Sâlich, Vorsitzender der ägyptischen General Authority for Investment (GAFI), sagte, das Nilland benötige nun vor allem Investitionen. Er lobte die US-amerikanische Firma Intel, die im März 2011 zahlreiche ägyptische Ingenieure und Informatiker eingestellt hatte. Intel habe das Potential gutausgebildeter Ägypter erkannt. Auch die Gründung einer Entwicklungsbank in Kairo durch saudische Unternehmer, die in den kommenden Jahren 17 Milliarden

US-Dollar in Ägypten investieren will, hob er anerkennend hervor. In die ägyptische Industrie und Infrastruktur seien 2010 noch 6,8 Milliarden US-Dollar ausländische Direktinvestitionen (FDI) geflossen. 2011 habe es jedoch einen massiven Rückgang gegeben.

Südwestlich von Kairo sollen Kläranlagen und Umgehungsstrassen in Public Private Partnerships (PPP) gebaut werden. Mit Hilfe dieses Modells wird bald auch der Bau zweier Universitätskliniken mit Blutbanken in Alexandria in Angriff genommen. Für die nächsten Jahre plant Ägyptens Finanzministerium soziale Investitionen in Höhe von 15 Milliarden US-Dollar. Dazu erhofft sich die GAFI natürlich auch neue ausländische Investitionen. Doch seit auch Moody's Ägyptens Kreditwürdigkeit herabgestuft hat, bleiben die Aussichten des Nillandes, ausländische Gelder einzuwerben, gering.

Die Armee ist ein tragender Pfeiler der ägyptischen Wirtschaft, so betreibt sie zum Beispiel die militärische Wasserabfüllanlage in der westlich gelegenen Oase Sîwa und versorgt auch die US-amerikanischen Soldaten im Nahen Osten. Zudem soll sie in der Zementindustrie, der Herstellung von Computern und Nahrungsmitteln, ja praktisch in allen wichtigen Produktionszweigen tätig sein, und sie vergibt Lizenzen für Fabriken, Landkauf und -bebauung, vor allem in touristisch wichtigen Gegenden auf dem Sinai und an der Küste des Roten Meeres. Experten schätzen, dass die Armee ein Drittel des ägyptischen Wirtschaftswachstums generiert. Für einen Aufschwung der freien Wirtschaft sieht es also düster aus.

Kristina Bergmann

Einbruch im Tourismus

Die Hoffnung auf wieder steigende Touristenzahlen nach deren Einbruch im Winter, Frühling und Sommer 2011 erfüllte sich nicht. Ägypten blieb auch im Herbst ein Land mit nur wenigen Touristen. Zuerst waren es wohl die Hitze und der libysche Bürgerkrieg, der die Angst der Ausländer schürte, doch dann lehnten es viele ab, in ein Land zu reisen, in dem Attentate, vornehmlich auf Christen, stattfanden. Nach der Revolution ging der Tourismus um die Hälfte zurück. Doch wie hatte es vorher ausgesehen?

Es zeigte sich, dass durch einseitige Investitionen in der Vergangenheit die Wirtschaft am Nil in weiten Teilen vom Fremdenverkehr abhängig ist, auch wenn Industrie und Landwirtschaft weitere wichtige Einnahmequellen sind. Ägypten hatte seit dem Jahr 2000 den Tourismus immer mehr ausgebaut, günstig Land für den Bau von Hotels verkauft, die übrigen Sektoren allerdings vernachlässigt – eine Praxis, die vielfach kritisiert worden war.

In Luxor, wo sonst Hunderte Busse beim Tempel haltmachten, herrschte 2011 auf einmal Flaute. Viele Hotels blieben leer. Auch Hischâm Sasu, der stellvertretende Tourismusminister, beklagte sich: Der Einbruch beim Fremdenverkehr komme dem Nilland mehr als ungelegen, vor allem am Roten Meer und auf dem Sinai gebe es über 225 000 Hotelzimmer. Allerdings weiss man in Ägypten, dass die Touristen nach politischen Krisen und Attentaten ausbleiben. Hinzu kam im Sommer die enorme Hitze, in Luxor waren es im Juni bereits am frühen Morgen achtunddreissig

Grad im Schatten. So hatte man auf die kühleren Herbstmonate gehofft, doch auch dann mieden viele das Land.

2010 hatte der Fremdenverkehr noch knapp 22 Prozent der Deviseneinnahmen und 11,3 Prozent des Bruttoinlandsprodukts generiert. Einer von sieben Ägyptern war direkt oder indirekt im Tourismussektor beschäftigt. Vierzehn Millionen ausländische Gäste kamen ins Land. Sie besuchten nicht nur altägyptische Sehenswürdigkeiten, auch Tauch- und Badeferien am Roten Meer erfreuten sich grosser Beliebtheit. Die Touristen blieben im Schnitt eine Woche und gaben pro Tag rund achtzig US-Dollar aus. Allerdings hatte sich auch schon vor der Revolution eine Krise angedeutet. Westliche Besucher hielten nämlich immer weniger vom wachsenden Massentourismus im Nilland und wählten andere Reiseziele. Zwanzig Prozent des Marktes verlagerten sich auf Besucher aus Asien. Diese erwiesen sich jedoch als sparsamere Klientel, und so brachen die Gewinne ein.

Nach der Revolution stellte man Überlegungen an, wie man auch westliche Touristen wieder anlocken könnte. In erster Linie müsse die Infrastruktur intakt bleiben, meinte Hischâm Sasu im Mai 2011 und zahlte der staatlichen Fluggesellschaft die Kosten für deren leer gebliebene Sitzplätze. EgyptAir konnte also ihren dichten Flugbetrieb aufrechterhalten. Auch arabische Märkte versuchte man anzuzapfen. Preise zu senken, um wieder vermehrt Touristen anzuziehen, wurde von Branchenvertretern indes als sinnlos bezeichnet. »Wie soll man denn die Preise später je wieder erhöhen?«, fasste der Direktor des Sonesta-St.-George-Hotels in Luxor das Problem zusammen. Auch die Idee, die Revolution selbst als Touristenattraktion zu vermarkten, stiess eher auf

Skepsis. Vielmehr hoffte man auf ein Ende des Bürgerkriegs im Nachbarland Libyen. Wenn dort Frieden herrsche, würden ausländische Gäste auch wieder nach Ägypten kommen, meinte man. Nachdem Ghadhafi getötet worden war, schien diese Voraussetzung erfüllt.

Doch abermals kam es zu Demonstrationen auf dem Tachrîrplatz, und wer geglaubt hatte, die Revolution sei nur ein kurzes Zwischenspiel, wurde eines Besseren belehrt. Danach wurden die Wahlen abgehalten, aus denen islamistische Parteien als Sieger hervorgingen; deren neue Macht wird kaum dazu beitragen, westliche Touristen anzulocken. Vor allem Bemerkungen der Salafisten, Alkohol und Bikinis würden verboten werden, wirkten abschreckend. Zwar mag das nicht passieren, doch stellen sich viele sicher die Frage, ob sie in ein Land reisen sollten, in dem sie sich womöglich nicht in ihrer gewohnten Freiheit bewegen könnten. Und schon wecken andere Destinationen das Interesse der Touristen, so plötzlich, wie es den Ägyptern kaum lieb sein kann.

Kristina Bergmann
Die Wahlen

Am 28. November 2011 begannen in Ägypten die Parlamentswahlen, die sich bis 2012 hinzogen. Gewählt wurden beide Kammern, nämlich die Volksversammlung und der Schura-Rat. Lange war unklar gewesen, ob die Wahlen rechtzeitig abgehalten werden könnten, denn auf dem Tachrîrplatz wurde Mitte November erneut demonstriert, und es kam zu blutigen Zusammenstössen. Dreiundvierzig Menschen starben, mehrere Hundert wurden verletzt, es entwickelte sich ein regelrechter Krieg zwischen Revolutionären und der Polizei. Die Wahlankündigung des Militärrats hatte die Demonstranten erbost, wurde aber von vielen Beobachtern als absolut notwendig betrachtet. Bei einer Verschiebung hätte der Militärrat als Versager gegolten. Manche Ägypter wiederum behaupteten, der Militärrat kooperiere mit den Islamisten, die auf eine rasche Wahl drängten, um möglichst viele Stimmen zu erhalten.

Nachdem die Parlamentswahlen Ende 2010 ein Paradebeispiel der Unfairness und Unfreiheit gewesen waren, versprachen sich die Ägypterinnen und Ägypter viel von den ersten Wahlen nach Mubâraks Sturz. Tatsächlich begannen sie spektakulär: In Kairo schienen alle Einwohner auf den Beinen zu sein, und lange Menschenschlangen wanden sich um jene Häuserblocks, in deren Nähe die Wahllokale lagen. Die Begeisterung der Ägypter schien grenzenlos: Sie wollten wählen – auch die vielen, die während und nach der Revolution nicht auf der Strasse gewesen waren. Die grosse Mehrheit der Bevölkerung setzte ihre Hoffnung in die Wahlen und den demokratischen Prozess, den sie einleiteten. Wirtschaftlichen Fortschritt, davon waren sie überzeugt, konnte es nur mit einem neuen Parlament, einem zivilen Präsidenten und einer modifizierten Verfassung geben. Nur auf dem Tachrîrplatz, wo seit dem 19. November auch gegen den unterdessen ungeliebten Militärrat protestiert wurde, waren die Menschen gegen frühzeitige Wahlen.

Die Wahl zur Volksversammlung fand in drei Runden statt: In jeweils neun der insgesamt siebenundzwanzig ägyptischen Gouvernements wurden die Wählerinnen und Wähler an die Urnen gerufen. Der erste Wahlgang am 28. und 29. November umfasste auch die beiden Grossstädte Kairo und Alexandria. Sieger wurden die Islamisten. An deren Spitze positionierte sich mit knapp 37 Prozent der Stimmen die Freiheits- und Gerechtigkeitspartei (FGP) der Muslimbrüder. Das hatten viele Beobachter erwartet, da die Muslimbruderschaft seit je politische Ambitionen hatte und gut organisiert ist. In vielen Kommentaren wurde darauf verwiesen, dass die Muslimbrüder lange unterdrückt gewesen waren, die Religiosität nicht nur in Ägypten jedoch eine immens wichtige Rolle spiele und es deshalb kaum überrasche, dass sie bei den ersten freien Wahlen gleich so viele Sitze gewönnen. Viel mehr erstaunte das gute Ergebnis der bis anhin nicht nur politisch untätigen, sondern auch sonst kaum in Erscheinung getretenen Salafisten. Ihre Partei des Lichts, *Hisb an-Nûr,* erhielt im ersten Wahlgang auf Anhieb über 24 Prozent der Stimmen und kam so auf den zweiten Platz. Der liberale Ägyptische Block, *Kutla masrîja,* kam mit 13,4 Prozent erst an dritter Stelle.

Während in den Revolutionswochen, als Ägypterinnen und Ägypter sogar auf asphaltierten Strassen beteten, ihre Religiosität von Beobachtern noch bewundernd herausgestrichen worden war, wurde sie nun zu einer beängstigenden politischen Realität. Die europäische Ansicht, dass Religion ins Private gehöre, gilt in Ägypten nicht. Vielmehr hält man sich in dem Land, in dem schätzungsweise neunzig Prozent Muslime sind, eher an die Devise »Der Islam ist die Lösung«. Viele Ägypter schreiben daher offenbar den Islamisten auch politischen Sachverstand zu. Eine Rolle dabei spielen nicht nur die politischen Ansprüche des frühen Islam, sondern auch das viele Geld aus Saudi-Arabien, mit dem konservative Muslime unterstützt werden.

Nach dem Bekanntwerden der ersten Wahlergebnisse meinten einige, die Muslimbrüder und die Salafisten seien gar nicht extremistisch. Doch warum wollen sie dann Politik machen? Die Salafisten hatten sich von der Revolution demonstrativ ferngehalten. Erst als klar wurde, dass Mubârak nicht mehr zu halten war, fanden sie sich auf dem Tachrîrplatz ein. Beide islamistische Gruppierungen waren bestenfalls Mitläufer, eine Vorreiterrolle nahmen sie in der Revolution aber nicht ein. Doch anschliessend gründeten sie rasch Parteien.

Der zweite und der dritte Wahlgang zementierte die hohen Stimmengewinne des islamistischen Lagers: Die von der FGP angeführte Demokratische Allianz errang 37,5 Prozent der Stimmen. Der Islamistische Block, dominiert von der Partei des Lichts, kam auf 27,8 Prozent. Auf Platz drei positionierte sich die nationalliberale Neue Wafd-Partei mit 9,2 Prozent. Der Ägyptische Block bekam nur 8,9 Prozent der Stimmen, die gemässigte islamische al-Wasat-Partei 3,7 Prozent, und das linksgerichtete Bündnis »Die Revolution geht weiter« erhielt 2,8 Prozent. Die restlichen 10,1 Prozent verteilten sich auf diverse kleinere Parteien, unter ihnen mehrere Nachfolgerinnen der aufgelösten NDP.

Bei der Wahl zum Schura-Rat, der zweiten Kammer des Parlaments, im Januar und Februar 2012 kam es zu ähnlichen Ergebnissen: Demokratische Allianz 45 Prozent, Islamistischer Block 28,6 Prozent, Neue Wafd-Partei 8,5 Prozent, Ägyptischer Block 5,4 Prozent. Von 180 zu vergebenden Sitzen konnten aufgrund des kombinierten Verhältnis- und Mehrheitswahlrechts Muslimbrüder und Salafisten zusammen sogar 150 Sitze gewinnen. 90 weitere Sitze im Schura-Rat werden später an vom noch zu wählenden Staatspräsidenten ernannte Abgeordnete vergeben.

Säkulare bezeichneten die Wahlen, aus denen islamistische Parteien als eindeutige Sieger hervorgegangen waren, als eine demokratische Willensbekundung, die man akzeptieren müsse. Doch inwieweit sind Religiosität und Demokratie überhaupt vereinbar? Oder ist nicht der französische Laizismus mit seiner strikten Trennung von Religion und Staat das bessere Modell? Unterdrücken die Wahlsieger womöglich nun die Freiheit Andersdenkender – dies im Namen einer Demokratie, die nichts anderes für sie ist als das Recht der Mehrheit? In einer echten Demokratie müssten nämlich auch die Interessen der Minderheiten – Christen, Säkulare – angemessen berücksichtigt werden.

Esther Saoub

Die Revolution vergisst ihre Kinder – Ägypten ein Jahr nach Mubâraks Sturz

Stillstand auf dem Sphinxplatz in Kairo. Autos, Taxis, Busse und Kleinbusse haben sich so ineinander verkeilt, dass keiner mehr vor- oder zurückkann. Nachmittags ist viel los in diesem Viertel voller Büros und Läden, die Leute hupen, sie wollen nach Hause. Ein Verkehrspolizist ist nicht zu sehen. Schliesslich ergreifen einige Fahrer selbst die Initiative: Sie steigen aus und regeln den Verkehr. Langsam, wie ein völlig zerrupfter Wollknäuel, entflicht sich das Autogewirr. Doch eine halbe Stunde später ist schon wieder alles dicht.

»Früher gab es wenigstens Ordnung«, maulen manche, »was ist bloss aus unserem Land geworden?« Oder: »Wo soll das alles nur hinführen? Gott schütze uns!«

Die Euphorie der Revolution ist verflogen, besser: vertrieben worden, gezielt, und zwar von mehreren Kräften gemeinsam.

Da ist zunächst das »ganz normale Chaos«. Kairos Strassen waren schon immer verstopft, schon immer haben Busse mitten auf der Kreuzung gehalten, Radfahrer mit riesigen Brottabletts auf dem Kopf sind verkehrt herum durch Einbahnstrassen gefahren, Fussgänger haben, ohne zu schauen, die Fahrbahn überquert. Aber immerhin hat sich vor der Revolution von Zeit zu Zeit ein Verkehrspolizist eingemischt. Von ihnen gab es unzählige. Für ein lächerliches Gehalt standen sie Stunden um Stunden in der prallen Sonne und atmeten Abgase ein. Ihre wichtigste Aufgabe war es, dafür zu sorgen, dass an roten Ampeln angehalten wird. Ausserdem wiesen sie

Falschparker zurecht, liessen sich aber in der Regel durch ein kleines Bakschisch davon überzeugen, dass das Auto in der dritten Reihe den Verkehr nicht ernsthaft behindert.

Dieses korrupte und oft auch brutale Verhalten der Polizei gehörte zu den Auslösern der ägyptischen Revolution. Es ist kein Zufall, dass die ersten Demonstranten am 25. Januar auf die Strasse gingen, am Tag der Polizei. In den folgenden Tagen kämpften dann Hundertschaften mit Wasserwerfern, Schlagstöcken und Gummigeschossen gegen ihre Mitbürger. Am 28. Januar waren die Uniformierten plötzlich verschwunden, ebenso wie der Innenminister Habîb al-Adli. Das Militär sollte künftig für Ordnung sorgen, beschützte allerdings lediglich regierungsrelevante Gebäude. Um die Strassen kümmerten sich die Bürger selbst: Sie bewachten ihre Viertel und regelten den Verkehr. »Volk und Militär Hand in Hand«, riefen viele, sie fotografierten ihre Kinder im Arm der Soldaten, feierten die Armee als Retter der Revolution.

Die Polizei dagegen bleibt unterrepräsentiert. Über 10 000 Autodiebstähle soll es seit dem Rücktritt Mubâraks gegeben haben, Raubüberfälle und auch Morde haben dramatisch zugenommen. Die Achtzehn-Millionen-Stadt Kairo ist zwar nach wie vor eine der ungefährlichsten Megacitys der Welt, aber so sicher wie früher ist sie nicht mehr. »Wir brauchen zehn Innenminister wie Habîb al-Adli«, murmeln prompt die Rückwärtsgewandten. Andere gehen noch weiter: »Unter Mubârak war alles besser.« Haben sie recht? 12 000 Zivilisten wurde allein zwischen Januar und August 2011 von Militärgerichten der Prozess gemacht, das sind mehr als während der gesamten, fast dreissigjährigen Präsidentschaft Mubâraks, sagt Human Rights Watch. In den

Armenvierteln blüht der illegale Waffenhandel, die Partei des Lichts der radikalen Salafisten etabliert sich als starke politische Kraft. Haben die jungen Revolutionäre ihr Leben riskiert, damit sie statt von Mubârak nun vom Militär unterdrückt werden und bei den von ihnen erkämpften ersten demokratischen Wahlen in der Geschichte des Landes andere sich die Mehrheiten sichern?

Mitte Dezember 2011 lösten Militär und Polizei gewaltsam eine Blockade vor dem Regierungsgebäude auf und vertrieben anschliessend die letzten Demonstranten vom Tachrîrplatz. Mehr als zehn Menschen starben, Hunderte wurden verletzt. Am Vormittag des 17. Dezember tritt Ministerpräsident Kamâl al-Gansûri vor die Presse. Er spricht von Konterrevolution und meint die Zivilisten, die sich mit Steinen gegen die Militärgewalt wehren. Ausländische Kräfte versuchten die Revolution zu stören, sagt er. Gleichzeitig taucht im Internet ein Video auf: es zeigt Soldaten, die mit Stöcken auf Demonstranten einprügeln und am Boden Liegende – Frauen wie Männer – mit den Stiefeln treten. »Das Militär hat die Revolution vom ersten Tag an gehasst«, twittert ein Aktivist. Wut und Verzweiflung machen sich breit, Fassungslosigkeit angesichts solchermassen enthemmter Gewalt.

Der Militärrat allerdings hält auch nicht still: Videos von prügelnden Soldaten sind zeitweise nicht aufrufbar, »die *YouTube*-Gemeinschaft hat sie als bedenklich oder beleidigend markiert«, lautet die Begründung. In der Erklärung Nummer 90* des Militärrats rechtfertigt er sich: die Armee

* Die Erklärung Nummer 1 wurde kurz vor Mubâraks Rücktritt verlesen.

habe das Recht, ihre eigenen Leute zu verteidigen. Ein angehängtes Video zeigt Demonstranten, die Steine auf das Regierungsgebäude werfen – doch wie die Auseinandersetzung begann und wie sie endete, bekommt man nicht zu sehen. So wie die Revolution auf *Facebook* ausgelöst wurde, kämpft auch die Konterrevolution auf *Facebook*.

»Militär und Polizei Hand in Hand!«, rufen die Demonstranten auf dem Video des Militärrats. Offensichtlich glaubt kaum noch einer an die Retter der Revolution.

Vieles weist darauf hin, dass das Spiel des Militärs von Anfang an ein doppeltes war: Britische Journalisten berichteten bereits von der Münchner Sicherheitskonferenz Anfang Februar 2011, Vertreter der USA und des ägyptischen Militärs verhandelten über die Möglichkeit, Mubârak fallen zu lassen, um die eigene Macht und insbesondere die eigenen Besitzstände zu wahren. Der angesehene Politologe Hassan Nafaa kommentierte am 19. Dezember 2011 in der Tageszeitung *al-Masri al-jaum*: »Das Militär war gegen die Vererbung der Macht von Mubârak auf seinen Sohn, aber nie für eine Revolution.« Er legt dar, dass das Ziel der Uniformierten und der Zivilisten für kurze Zeit dasselbe war: Mubârak am Machterhalt oder aber an deren Weitervererbung zu hindern. Sobald dieses Ziel jedoch erreicht war, schieden sich die Geister: Das Militär will das alte, angeschlagene Machtsystem in seinem Sinne wiederherstellen, die Revolutionäre wollen ein von der Wurzel an reformiertes System.

Ein oppositioneller Künstler umschrieb die Revolution im Sommer 2011 mit folgendem Bild: Mubâraks Rücktritt war genauso, als würdest du in der zweiten Minute eines

Fussballspiels ein Tor schiessen. Erst ist der Jubel riesig, doch dann merkst du, dass du noch achtundachtzig Minuten vor dir hast. Inzwischen sind weitere Spielminuten vergangen, und der Schiedsrichter, das Militär, hat sich auf die Seite der Gegenmannschaft geschlagen – mit allen Linienrichtern und auch den Stadionsprechern: Staatliche Medien betreiben geschmacklose Propaganda gegen die Mannschaft der Revolutionäre. Diese kämpft mit dem Mut der Verzweiflung. Aber die Massen auf den Rängen – in den Armenvierteln, den Dörfern, in abgelegenen Kleinstädten – könnten ihr Vertrauen in die Mannschaft verlieren. Denn: Ihnen geht das Essen aus.

Ägyptens Wirtschaft ist hochgradig gefährdet, und retten könnten sie jene, die von Mubârak am meisten profitiert hatten. Doch es sieht so aus, als nähmen die Anhänger des alten Regimes einen vorübergehenden Niedergang in Kauf, um das aufmüpfige Volk in die Knie zu zwingen. Denn seit der Revolution wird gestreikt wie nie zuvor, Arbeiter und Angestellte aller Branchen verlangen mehr Lohn, freie Gewerkschaften gründen sich – im Billiglohnland Ägypten droht eine Arbeiterbewegung zu entstehen. Konterrevolution ist nicht nur für das Militär, sondern auch für viele Grosskapitalisten eine Strategie, um ihre Macht zu erhalten.

Sicherheitskräfte, politische Seilschaften, Wirtschaft und Medien sind Teil dieser Gegenbewegung zum Ägyptischen Frühling. Sie kämpfen mit unzähligen Waffen gegen ein mutiges Häufchen Aufrechter, die immer noch eines für sich in Anspruch nehmen können: grenzenlosen Mut – und unbesiegbaren Humor. Im Dezember behauptete Ministerpräsident al-Gansûri, die Demonstranten vor dem Regierungsgebäude seien keine Revolutionäre gewesen. Prompt twitterte ein Aktivist: »Kann er uns mal eine Liste geben, wie Revolutionäre auszusehen haben? Dann wissen wir das nächste Mal Bescheid.«

Ghada Abdelaal

Das verlorene Lachen

In Ägypten waren wir immer stolz darauf, dass wir selbst den schlimmsten Umständen mit einem Lachen zu begegnen wussten. Welches Missgeschick uns auch befallen mochte, wir drehten einen Scherz, eine ironische Volte daraus; kein Unglück war zu scheusslich, kein Gesetzeserlass oder Beschluss unserer Machthaber zu verheerend, als dass wir nicht binnen kürzester Frist herausgefunden hätten, wie wir uns auf Kosten der misslichen Umstände oder der verantwortlichen Person einen vergnügten Abend machen konnten. Das praktizierten wir vor der Revolte mit dem System Mubârak, während der Revolte mit jenen, die es verteidigen wollten – und nach der Revolte ging das Feuerwerk der Ironie unvermindert weiter.

Wer in den dreizehn Monaten seit dem Sturz Husni Mubâraks am 11. Februar 2011 die Ohren offenhielt, der stellte unschwer fest, dass der ägyptische Mutterwitz nach der Revolte eine noch nie dagewesene Blütezeit erlebte. Allerdings ist – wie gesagt – das Scherzen und Spotten bei den Ägyptern kein entspanntes Freizeitvergnügen, sondern stets ein Ventil, um Wut, Angst und Sorge Luft zu machen. Und wie viel Anlass zur Wut, wie viele Gründe zu Angst und Sorge hat man uns seit Mubâraks Abgang frei Haus geliefert! Wir sind wütend über die neue Militärregierung, deren repressive Politik inzwischen fast ebenso viele Tote und Verletzte gefordert hat wie die achtzehn Tage der Revolte – so dass sich da und dort bereits das Gefühl einstellt, dass wir allesamt einer Farce auf den Leim gegangen sind, welche die Militärs und die verbleibenden Sympathisanten des alten Systems zuvor gemeinsam ausgeheckt hatten. Wir raufen uns die Haare über den nicht zu bremsenden Aufstieg der islamistischen Parteien, die bereits die grosse Mehrheit der Parlamentssitze erobert haben und nun auf die Regierungsmacht aspirieren; ihr Kandidat darf mit entsprechender Unterstützung rechnen, und dann werden alle Karten in der Hand einer einzigen politischen Strömung sein – was uns zurück in die guten alten Zeiten der Einparteienherrschaft befördert. Und wir sind in Angst und Sorge, dass wir es unter solchen Umständen nicht einmal schaffen werden, die paar bescheidenen, während der Ära Mubârak mühsam erkämpften Frauen- und Minderheitenrechte gegen die zu erwartende neue Drosselung der bürgerlichen Freiheiten zu verteidigen.

Ich war immer an vorderster Front dabei, wenn es um Scherz und Satire ging; aber mittlerweile muss ich mir eingestehen, dass es nichts mehr zu lachen gibt. Auch wenn wir Ägypter durch die hohe Schule der Ironie gegangen sind – jetzt schaffen wir es nicht mehr, uns wie gewohnt mit einem Witz über unsere Probleme hinwegzusetzen. Denn wir sehen, dass die Forderung nach Freiheit und Demokratie, die wir mit unserer Revolte durchgesetzt zu haben glaubten, zu einem Instrument verbogen wird, das womöglich noch mehr Zwang über uns bringen und uns weniger Freiheit lassen könnte denn je.

Wie soll man sich daran ergötzen, dass ein Abgeordneter in der Volksversammlung nach der Streichung des Englischunterrichts in ägyptischen Schulen ruft, weil er dahinter einen Plan des Westens wittert, sich unserer Intelligenz zu bemächtigen? Wie soll man sich ein Lächeln abringen, wenn ein anderer dieser Herren ein Gesetz vorschlägt, das es den Vätern erlauben würde, ihre Töchter unmittelbar nach Erreichen der Geschlechtsreife zu verheiraten, selbst wenn sie dann erst neun- oder zehnjährig sind – selbstverständlich ohne einen Blick auf die Bedürfnisse der Mädchen und ohne einen Gedanken an gesellschaftliche Werte? Wie soll man Witze darüber reissen, dass ein Dritter das Demonstrationsrecht auf eine Art und Weise beschneiden will, wie wir es uns nicht einmal zu Zeiten der britischen Kolonialherrschaft gefallen lassen mussten? Und gewiss, es entbehrt nicht der Komik, wenn ein islamistischer Präsidentschaftskandidat seine Ignoranz bezüglich der neueren Geschichte Ägyptens, der Fläche des Landes und anderer Fakten offenbart, die ein Kind schon in der Primarschule lernt – darunter auch die schlichte Tatsache, dass das Wort »Pepsi« nicht, wie es besagter Kandidat behauptet, ein Akronym für den englischen Satz »Pay every penny to save Israel« ist. Über derlei könnte man von Herzen lachen – wenn dieser Mann nicht allen Ernstes darauf aspirieren würde, die Geschicke des Landes zu lenken.

Ich kann auch nichts Amüsantes dabei finden, wenn ich sehe, wie die neue Militärregierung eine rabiate Attacke gegen ägyptische Menschenrechtsaktivisten reitet, weil diese angeblich vom Ausland finanziert werden. Ich kann nicht leichten Herzens über das merkwürdige Prozedere hinwegsehen, das uns eine tendenziöse, von den gegenwärtig im Parlament dominierenden Kräften festgeschriebene Verfassung zu bescheren droht. Es erheitert mich keineswegs, dass es in Ägypten derzeit keine Opposition gibt, die diesen Namen verdient, und dass etliche von jenen, deren Aufgabe die Konsolidierung der oppositionellen Kräfte gewesen wäre, sich stattdessen in gegenseitigen Beschimpfungen und Verdächtigungen ergehen; andere wiederum wähnen, sie seien in die Reihen der »neuen Götter« aufgestiegen und könnten dortselbst, über jede Kritik erhaben und von jeder weiteren Pflicht entbunden, im Glorienschein ihrer Teilhabe an der (faktisch noch unvollendeten) Revolution leben und sich allenfalls mit dem Verfassen von Büchern über ihre damaligen Heldentaten abgeben. – Nein, ich kann nichts Lustiges und nichts Lächerliches daran finden, wenn ich sehe, wie die junge Demokratie Ägyptens missbraucht wird, wie sämtliche politischen Akteure an ihren Rollen versagen; denn es gibt kein Parlament, dem an einer gesetzlichen Verankerung der bürgerlichen Rechte gelegen wäre, keine Opposition, die sich dem drohenden Verlust bürgerlicher Freiheiten entgegenstellt; es gibt keine Regierung, die für eine Reform der kollabierten Wirtschaft und eine Restitution der schwindenden sozialen Gerechtigkeit kämpft, und keine Verfassung, die auf korrekten Grundlagen fusst und von Leuten ausformuliert wird, die ihr das von uns erhoffte und mit Recht erwartete Gepräge geben würden.

Wenn der demokratische Prozess in Ägypten mit solchen Fehlern und Mängeln behaftet ist und diese weiterhin unbeachtet und ohne Korrektur bleiben, dann könnten wir bald vor einem Scheideweg stehen, der keine dritte Option offenlässt. Entweder gibt es eine erneute Revolte, wenn die Wut jener jungen Generation überkocht, die den Glauben an die so lange erträumte Demokratie zu verlieren droht; oder wir ziehen uns alle resigniert zurück und schauen zu, wie sich bei uns das Szenario anderer Revolutionen wiederholt – Revolutionen, die von einer Quelle der Hoffnung zum bitteren Kelch geworden sind; Revolutionen, deren Vorkämpfer erneut zum Warten, zu Angst und Sorge verdammt sind – und zum Lachen über Dinge, die niemals zum Lachen waren.

Aus dem Arabischen von Angela Schader

Dieser Beitrag erschien am 29. März 2012 in der Neuen Zürcher Zeitung.

Kristina Bergmann
Gesichter einer Revolution

Achmad Gharîb, 26 Jahre alt, arbeitslos

Wie haben Sie sich an der Revolution beteiligt?
»Ich habe während der Revolution in meiner Heimatstadt Sues demonstriert. Wegen des damaligen Gouverneurs Saifaddîn Galâl, den Mubârak vor sechzehn Jahren eingesetzt hatte, ging es uns besonders schlecht. Ich bin zu den Demonstrationen gegangen, weil ich wollte, dass Sues eine ordentliche, saubere und schöne Stadt wird. Damals war das Gegenteil der Fall. Arbeit fanden weder ich noch viele meiner Freunde. Unserer Meinung nach war daran Galâl schuld.«
Welches war für Sie das wichtigste Ereignis?
»Das Beste war, dass es uns gelang, die verhasste Polizeiwache im Stadtzentrum anzuzünden. Sie ist zwar ein historisch wertvoller Bau, aber anders ging es leider nicht. Wir mussten die Polizei aus dem Gebäude vertreiben, genauso wie wir die reichen Geschäftsleute, die mit unlauteren Mitteln zu Geld gekommen sind, vertreiben mussten. Heute ist die Polizeiwache eine Sehenswürdigkeit, und tagtäglich besuchen sie viele Leute.«
Was erhoffen Sie sich für Ihre und die Zukunft Ägyptens?
»Von der Zukunft ohne Mubârak verspreche ich mir sehr viel: für mich persönlich Arbeit und ein würdiges Leben. Für unser Land hoffe ich, dass uns sämtliche andere Staaten anerkennen und wir für manche sogar ein Vorbild werden.«

Badr Schaib, 20 Jahre alt, Buchhändler

Wie haben Sie sich an der Revolution beteiligt?
»Ich war bei vielen Demonstrationen dabei, gehöre aber keiner politischen Gruppierung an. In jeder zukünftigen Regierung müssen unbedingt auch Jugendliche sein, finde ich. Schliesslich haben sie die Revolution initiiert, und ausserdem haben sie viele Ideen und sind klug. Aber bisher war es leider eine Frage des Alters, ob man in Ägypten ernst genommen wird und Macht hat. Eigentlich absurd, wenn man bedenkt, dass die Mehrheit der Ägypter jünger als fünfzehn Jahre ist.«
Welches war für Sie das wichtigste Ereignis?
»Am meisten gefiel mir bei den Aufständen, dass Ägypter aller Altersgruppen und von überall her mitmachten. Ich fand auch gut, dass der Tachrîrplatz immer sauber gehalten wurde und Frauen nicht, wie sonst, angemacht wurden.«
Was erhoffen Sie sich für Ihre und die Zukunft Ägyptens?
»Ich ging demonstrieren, weil ich das Ende der Diktatur wollte. Das war nicht nur für mich wichtig, sondern für alle Ägypter. Jetzt wünsche ich mir eine funktionierende Grundordnung, in der das Gesetz zuoberst steht. Das bedeutet, dass ich einen Rechtsstaat will. Den hatten wir bisher nicht. Im Grunde musste man sein Recht, auch wenn es gesetzlich verankert war, vor Gericht erstreiten.«

Fatma Omar, 22 Jahre alt, Juristin

Wie haben Sie sich an der Revolution beteiligt?
»Ich war bei der gesamten Revolte dabei. Auf dem Tachrîrplatz war ich für das Mikrofon und unsere Radiostation verantwortlich. Alle sollten hören, worum es bei der Revolution überhaupt geht. Ich machte mit, weil ich Freiheit und meine Rechte will. Auch materiellen Fortschritt wünsche ich mir, also ein Gehalt, von dem ich leben kann. Jetzt verdiene ich gerade mal 600 Pfund* im Monat. Geld war zwar nicht das Hauptmotiv der Revolution, aber mit vollem Bauch lässt es sich leichter demonstrieren!«
Welches war für Sie das wichtigste Ereignis?
»An vielen Tagen ging es schrecklich und blutig zu. Vor allem die vielen Verletzten haben sich meinem Gedächtnis eingeprägt, einer starb sogar vor meinen Augen! Das werde ich bestimmt nie vergessen.«
Was erhoffen Sie sich für Ihre und die Zukunft Ägyptens?
»Ich möchte eine Arbeit, von der ich leben kann. Ob das im Ägypten der Nach-Mubârak-Ära möglich sein wird?«

* Ca. 75 Euro.

Fatma Ali, 45 Jahre alt, Hausfrau und Mutter

Wie haben Sie sich an der Revolution beteiligt?
»An den Demonstrationen nahm ich teil, weil ich gegen Korruption bin. Davon gibt es hier so viel, dass wir eigentlich jahrelang demonstrieren könnten! Doch die Revolution ging schneller vorbei, als ich gedacht hatte. Nun hoffe ich, dass wir eine Regierung bekommen, welche die Wünsche der Bevölkerung erfüllt. Das sind viele – allen voran eine gerechte Bestrafung der alten Garde.«
Welches war für Sie das wichtigste Ereignis?
»Am schönsten auf dem Tachrîrplatz fand ich die Nächstenliebe, die dort herrschte. Jeder dachte zunächst an den anderen und erst dann an sich selbst. Und alle dachten über Ägypten nach. Das war ein eindrückliches Erlebnis.«
Was erhoffen Sie sich für Ihre und die Zukunft Ägyptens?
»Husni Mubârak ist nun weg, aber ich will – und ich denke, das wollen alle –, dass er seine letzten Jahre dennoch einigermassen gut übersteht. Ausserdem wünsche ich mir, dass alle unsere Probleme, Korruption und andere, gelöst werden.«

Rida Fathi, 35 Jahre alt, Krankenschwester

Wie haben Sie sich an der Revolution beteiligt?
»Zunächst ging ich auf den Tachrîrplatz, um zu verstehen, was in Ägypten eigentlich los ist. Vor allem aber suchte ich Antworten auf meine brennendsten Fragen: Warum sind die Reichen reich, und warum haben ausgerechnet wir Ägypter eine Diktatur?«
Welches war für Sie das wichtigste Ereignis?
»Als Koptin gefiel mir vor allem, dass es auf dem Tachrîrplatz nicht die sonst übliche Trennung zwischen Muslimen und Christen gab. Ich finde die nämlich ärgerlich. Zum ersten Mal spielte Religionszugehörigkeit keine Rolle: Ich stand neben Frauen, die den Nikâb trugen, Muslime bewachten unseren Gottesdienst und so weiter. Ich denke, das lag nur teilweise an der Ausnahmesituation. Wir haben es sicher auch den Organisatoren der Demonstrationen zu verdanken, die sind nämlich geistig viel weiter als die meisten Menschen hier in Ägypten: Sie sind gegen jede Form von Rassismus. Übertriebene Religiosität ist aber immer auch Rassismus.«
Was erhoffen Sie sich für Ihre und die Zukunft Ägyptens?
»Ich will Stabilität, natürlich. Aber ich will eine Stabilität, die aus einer festen, durchdachten und klugen Verfassung erwächst, nicht die bisherige: Das war eine Pseudostabilität, eigentlich eine Stagnation. Sie basierte auf Gewalt und Unterdrückung.«

Mustafa Abdalrachmân, 28 Jahre alt, Strassenhändler

Wie haben Sie sich an der Revolution beteiligt?

»Ich war auf dem Tachrîrplatz, um ein bisschen Geld zu verdienen, aber auch weil ich gegen Mubârak und sein Regime war. Ich gehöre nicht zu denen, die nur etwas verkaufen wollen. Zwar brauche ich Geld und will möglichst viele von meinen rotweissschwarzen Stirnbändern verkaufen, aber vor allem kam ich hierher, um die Revolution gegen Mubârak mit meiner Anwesenheit zu unterstützen. Viele Jahre lang wünschte ich mir, dass er geht, und war mir sicher, dass das eines Tages passieren würde. Nun ist die Armee an seiner Stelle. Das gefällt mir zwar nicht, doch beschützt sie uns.«

Was erhoffen Sie sich für Ihre und die Zukunft Ägyptens?

»Ich wünsche mir ein einigermassen würdevolles Dasein – auch finanziell. Es ist schwer, anständig zu bleiben, wenn man praktisch kein Geld verdient. Politisch möchte ich, dass Mubârak verurteilt wird. Ich will, dass er bestraft wird, nein, nicht mit dem Tod, aber eine gerechte Strafe müssen er und alle betrügerischen Politiker und Geschäftsleute unbedingt bekommen.«

Hamdi Fais, 21 Jahre alt, Physikstudent

Wie haben Sie sich an der Revolution beteiligt?
»Ich habe zwar nicht auf dem Tachrîrplatz, sondern vor dem Parlamentsgebäude protestiert, aber die ganze Masse der Demonstranten war eins. Beim Parlament waren viele Arbeiter aus dem Nildelta, woher ich auch stamme. In Mansûra und anderen Deltastädten sind viele arbeitslos oder verdienen sehr wenig. Ich wollte bei ihnen sein, denn unter ihnen waren viele Freunde, Bekannte und Nachbarn. Auf dem Tachrîrplatz, der ja gleich nebenan liegt, war ich aber auch oft. Dort waren viele Leute in meinem Alter, Studenten, ich fühlte mich mit ihnen eng verbunden.«
Welches war für Sie das wichtigste Ereignis?
»Am meisten hat mich dort eine Ausstellung beeindruckt, in der die blutbefleckten Kleider der Leute, die getötet worden waren, gezeigt wurden. Das war sehr berührend.«
Was erhoffen Sie sich für Ihre und die Zukunft Ägyptens?
»Wenn ich mit dem Studium fertig bin, hoffe ich, Arbeit in Mansûra zu finden. Ich wünsche mir auch, dann genug Geld zu verdienen, damit ich heiraten, eine Wohnung mieten und meine Kinder – die ich hoffentlich bekommen werde – anständig aufwachsen lassen kann. Mein Vater war ja zunächst dagegen gewesen, dass ich hierherkam. Doch dann meinte er, wenn er früher protestiert hätte, wäre mir das Mubârak-Regime vielleicht erspart geblieben.«

Die »Gesichter einer Revolution« erschienen in einer kürzeren Fassung in der NZZ am Sonntag.

Autorinnen und Autoren

Ghada Abdelaal
Geboren 1978. Promovierte Pharmakologin, Bloggerin und Schriftstellerin. Sie arbeitet in einer Spitalapotheke in Mahalla al-Kubra. Seit 2006 betreibt sie den vielbeachteten Blog *Wanna b a bride.* Ihr Buch *Ich will heiraten! Partnersuche auf Ägyptisch* (Lenos Pocket 156) wurde in mehrere Sprachen übersetzt und als Fernsehserie verfilmt, für die sie das Drehbuch schrieb. http://wanna-b-a-bride.blogspot.com.

Kristina Bergmann
Geboren 1953. Korrespondentin der *Neuen Zürcher Zeitung* für Ägypten, Libyen, den Sudan und den Nahen Osten. Auf *NZZ Online* schrieb sie vier Jahre lang den »Blog vom Nil«. Übersetzerin (Ghada Abdelaal, Chalid al-Chamissi), Autorin mehrerer Sachbücher und eines Romans. Sie lebt in Kairo.

Chalid al-Chamissi
Geboren 1962. Schriftsteller. Sein Buch *Im Taxi. Unterwegs in Kairo* (Lenos Verlag 2011) wurde in zahlreiche Sprachen übersetzt. Er arbeitet zudem als Journalist für ägyptische Zeitungen und hat sich als kritischer Beobachter gesellschaftlicher Verhältnisse einen Namen gemacht. Für verschiedene Spiel- und Dokumentarfilme war er als Produzent, Regisseur und Drehbuchautor tätig. 2011 schrieb er eine wöchentliche Kolumne in der *Süddeutschen Zeitung.* www.khaledalkhamissi.com.

Achmad Dîb
Geboren 1985. Elektroingenieur. Studierte an der Amerikanischen Universität Kairo und spricht fliessend Englisch.

Marwa Imâd
Geboren 1988. Informatikerin, frisch verheiratet.

Imân Kurrani
Geboren 1975. Haushaltshilfe, verheiratet, vier Kinder.

Marwân Mûssa
Geboren 1995. Schüler.

Esther Saoub
Geboren 1969. Studierte Islamwissenschaft, Literaturwissenschaft und Judaistik in Berlin und Damaskus. 2006–2011 Leiterin des ARD-Hörfunkstudios Kairo. Seither arbeitet sie in der SWR-Fachredaktion Religion, Kirche und Gesellschaft. Lebt in Stuttgart.

Amira Sayed El Ahl
Geboren 1976. Tochter eines Ägypters und einer Deutschen, wuchs in Kassel auf. Studierte Arabisch und Geschichte an der Amerikanischen Universität Kairo und der School of Oriental and African Studies der Universität London. Ausbildung zur Journalistin. Auslandskorrespondentin in Kairo, u.a. für den *Spiegel,* die *WOZ* und *Qantara.de.* www.amiraelahl.com.

Doa al-Scharîf

Geboren 1966. Chefredaktorin der saudi-arabischen Zeitschrift *Gernas.* Zahlreiche Veröffentlichungen.

Hânia Schulkâmi

Geboren 1964. Anthropologin. Assistenzprofessorin an der Amerikanischen Universität Kairo.

Markus Spillmann

Geboren 1967. Studierte Geschichte, Politologie, Staatsrecht und Volkswirtschaftslehre in Basel und Zürich. Chefredaktor der *Neuen Zürcher Zeitung.* Lebt in Zürich.

Magdalena Suerbaum

Geboren 1987. Islamwissenschaftlerin, freie Journalistin.

Cordula Weißköppel

Geboren 1967. Promovierte Ethnologin. Akademische Rätin am Institut für Kulturforschung der Universität Bremen. Zahlreiche Publikationen.

GHADA ABDELAAL IM LENOS VERLAG

Ich will heiraten!
Partnersuche auf Ägyptisch
Aus dem Ägyptisch-Arabischen von Kristina Bergmann
218 Seiten, broschiert
ISBN 978 3 85787 756 8
Lenos Pocket 156

»Ein komisches und rührendes Buch, in dem man lachend manches über die ägyptische Gesellschaft erfährt.«
Tages-Anzeiger

Chalid al-Chamissi im Lenos Verlag

Im Taxi
Unterwegs in Kairo
Aus dem Arabischen von Kristina Bergmann
187 Seiten, gebunden, mit Schutzumschlag
ISBN 978 3 85787 413 0

»Mit dieser Publikation haben wir das ultimative Buch zur ägyptischen Revolution vor uns – und zwar nicht nur das Buch, das uns alles, was wir vom Land am Nil gegenwärtig hören, genau erklärt, ein Zeugnis, eine Mitschrift der ägyptischen Katastrophe, sondern auch eines der literarischen Werke, die ein Katalysator der Protestbewegung gewesen sein dürften.«
Süddeutsche Zeitung